★ 建设更高水平的"齐鲁粮仓"县域样板书系 ★

"藏粮于地"的县域实践

仝志辉　杜佳信　郭长宁◎著

人民出版社

目　　录

第一章　"藏粮于地"的战略背景

耕地是农业生产的基础,是保障国家粮食安全的重要资源,也是农村经济发展的重要基础。耕地是粮食生产的命根子,它不仅提供了粮食作物所需的生长空间,蕴涵着丰富的土壤养分和水分资源,还承载着滋养作物生长的重要使命。然而,仅有耕地还不足以保障高效的粮食生产,还需要通过合理的管理和技术手段充分发挥耕地的潜力。为了实现涉及粮食供应、获取、利用和稳定性等全面含义的粮食安全,对耕地数量、质量以及与此相关的耕作方式等的严格保护以及对其利用方式的提升,就成为实现粮食安全必须要解决的首要问题。

第一节　国家层面的"藏粮于地"战略

粮食是指人类赖以生存、繁衍及保证健康需要的食物,粮食安全则是一个内涵和外延不断变化扩展的概念。确立对粮食安全的科学理解对落实"藏粮于地"战略具有基础性意义。

目前,世界上广为接受的粮食安全概念是"所有人在任何时候都能通过物质社会和经济手段获得充足、安全和有营养的食物,满足膳食需要和食物偏好,过上积极和健康的生活"(世界粮食组织,2021)[1]。据此,粮食安全的内涵包括四个维度:一是供应,即在数量和质量上供应满足个人膳食需要的食物;二是获取,即人人都有经济能力和物质条件获得充足食物;三是利用,即有充足的膳食、清洁的水、卫生设施和医疗保健,以达到满足所有生理需求的营养健康状态;四是稳定性,即有能力在出现经济、健康、冲突、气候等方面突发性冲击或季节性粮食不安全等周期性事件的情况下确保粮食安全。粮食安全理念要求我们高度重视粮食生产,粮食生产与粮食供应、获取、利用及这些方面的稳定性都密切相关。同时,也牵涉到对耕地的有效保护和高效科学的利用。

一、"藏粮于地"的战略意义

党的二十大在"全面推进乡村振兴"的要求中明确提出"加快建设农业强国"目标,面对世界百年未有之大变局加速演进、不确定难预料因素明显增多的复杂外部环境,中国要牢牢掌握住发展和安全的主动权,要在作为国家发展基础的农业上牢牢确立自主和强大地位。

中国式现代化,是中国共产党领导的社会主义现代化,既有各国现代化的共同特征,更有基于自己国情的中国特色。要坚持走中国自己的现代化道路,就必须守住底线、建强基础,提升在各种极端情况下保证生存、发展和国家安全的能力。

---

[1] Food and Agriculture Organization of the United Nations, *The State of Food Security and Nutrition in the World* 2021, Rome: FAO, 2021.

对中国而言,任何情况下都要确保 14 亿多人能够吃饱饭,这是必须坚守的国家安全底线。2013 年 12 月,习近平总书记在中央农村工作会议上的重要讲话中指出:"看看世界上真正强大的国家、没有软肋的国家,都有能力解决自己的吃饭问题。美国是世界第一粮食出口国、农业最强国,俄罗斯、加拿大和欧盟的大国也是粮食强国。这些国家之所以强,是同粮食生产能力强联系在一起的。所以,粮食问题不能只从经济上看,必须从政治上看,保障国家粮食安全是实现经济发展、社会稳定、国家安全的重要基础。"①人口大国必须有能力解决自己的吃饭问题,因此,党和国家高度重视粮食生产,强调在任何情况下都必须确保谷物基本自给、口粮绝对安全。2022 年 12 月 23 日,习近平总书记在中央农村工作会议上指出:"农业保的是生命安全、生存安全,是极端重要的国家安全。……一旦农业出问题,饭碗被人拿住,看别人脸色吃饭,还谈什么现代化建设? 只有农业强起来,粮食安全有完全保障,我们稳大局、应变局、开新局才有充足底气和战略主动。"②这充分说明了以中国自身力量为主确保国家粮食安全和国民食物保障在当前国际形势下的极端重要性。

农业农村的现代化既为中国式现代化提供粮食安全保障,也构成了中国式现代化的核心内容。当今世界,一些已经实现了农业农村现代化的国家,如日本、荷兰、以色列等,却不能称为农业强国,根本原因就在于这些国家都不能依靠自身力量基本解决本国的食物供给问题。每年这些国家都必须依靠大量进口谷物和其他食物,才能维持本国国民的生存。这样讲,并不是否认这些国家根

---

① 《习近平著作选读》第一卷,人民出版社 2023 年版,第 200 页。
② 习近平:《加快建设农业强国　推进农业农村现代化》,《求是》2023 年第 6 期。

据自身实际,发挥自身优势,走具有自身特点的农业农村现代化道路。但无论如何,一个国家,如果不能靠自身力量基本解决国民的食物保障问题,那就称不上是农业强国,因为它将始终面临着极端情况下食物供应链可能断裂的风险。从人口规模看,由于体量相对较小,这些国家能够通过发挥自身比较优势,再利用国际市场进行商品交换,进口自身所需的谷物和其他食物,面临的风险相对于中国就要低很多。而中国14亿多的人口规模,不依靠自身力量去解决对谷物和其他食物的基本需求,那是不可想象的。近年全球谷物年均产量约30亿吨,能投入国际贸易的数量,最高的年份也只有3.6亿吨,而中国每年谷物的消费量,已达7亿吨。因此,中国如果做不到谷物基本自给、口粮绝对安全,想依赖国际市场来解决吃饭问题,根本上是没有可能性的。而且,过度依赖国际市场,除了会受到谷物和食物贸易数量波动风险影响外,还会受到价格波动风险的影响。2022年是国际粮食市场波动较大的一年,联合国粮食及农业组织公布的全球谷物价格指数,同比上涨了17.9%,创历史新高;其中,玉米和小麦价格分别上涨了24.8%和15.6%。而中国2022年进口粮食(包括大豆)1.47亿吨,数量比上年减少10.7%,但支付的金额达5499.9亿元,比上年增加了13.7%,进口粮食的均价为3741.4元/吨,比上年上涨了27.4%。[①]。可见,如果中国市场上供给的粮食主要不是中国粮,那中国的食物价格指数也必然会大幅度上涨,从而引发输入性通货膨胀。而2023年,由于全球消费需求萎缩,国际粮价明显下跌,对

---

① Food and Agriculture Organization of the United Nations, FAO Food Price Index | Food and Agriculture Organization of the United Nations, 2022, http://www.fao.org/worldfoodsituation/foodpricesindex/en/.

中国稳定国内粮价和增加农民收入又形成了较大压力。

当然,讲食物安全并不是说要去追求中国食物的完全自给自足。中国的人口规模和农业资源禀赋决定了要满足国民日益提高的食物需求,必须合理利用国际资源和国际市场。但同时也必须清醒认识到,对国际资源和国际市场的利用,必须控制在不能危及国家安全的程度之内。因此,在任何时候都不能放松保障中国食物供给安全的自主能力。

在党和国家的高度重视下,在广大农村基层干部和亿万农民的不懈努力下,中国粮食产量已经连续 19 年丰收增产,2022 年更是创造了新的历史最高水平,总产量达到 68652.8 万吨,做到了"口粮绝对安全"。但也要看到,中国毕竟人均农业自然资源不足,而随着经济社会的发展,人们的食物消费水平又在持续提高。我国的粮食安全形势还很严峻,耕地建设在确保粮食安全中的分量很重,始终不能放松。在国内农产品供给能力不断提高的同时,中国从国际市场进口的农产品也在不断增长。[①] 这说明,对中国这样一个人口大国来说,即便做到了"口粮绝对安全",也不能高枕无忧,因为从整体的食物需求来看,中国对国际市场毕竟还有相当的依赖度。

在很多人的心目中,"粮食"单纯地指五谷杂粮的"粮"。"粮食"概念狭义化容易使人把单纯的口粮安全误认为是整体的食物安全,从而产生实现了口粮安全便可以高枕无忧的错觉。2022 年12 月 23 日,习近平总书记在中央农村工作会议上的重要讲话中

---

① 熊启泉:《中国粮食的真实进口规模与自给率》,《华南农业大学学报(社会科学版)》2022 年第 3 期。

指出:"农业强,首要是粮食和重要农产品供给保障能力必须强。"①建设农业强国,首要的特征就是粮食能够自主供给。在乡村振兴过程中加快建设农业强国,着眼点在于守住农业基本盘、强化粮食安全和食物保障这个国家安全"压舱石"的作用,增强中国在世界大变局中实现自主、自立、自强的能力。

二、"藏粮于地"的政策体系

在中国,耕地保护历来受到重视。伴随改革开放与中国式现代化的逐步深化,我们经历了就农业谈耕地到就国家现代化谈耕地的认识转变。在中国式现代化的发展历程中,我国政府立足国家与社会发展的现实需要与战略优势,不断调整、优化发展战略,使"藏粮于技"的战略定位逐步提高。2015 年,在《中共中央关于制定国民经济和社会发展第十三个五年规划的建议》中指出,实施藏粮于地、藏粮于技战略,"藏粮于地"正式上升为国家战略。

在"藏粮于地"的战略思想指导下,我国耕地保护政策也不断得到发展、完善。2015 年中央"一号文件"提出"实施耕地质量保护与提升行动"。2016 年中央"一号文件"强调,在实施好耕地质量保护与提升行动的同时,实现耕地数量—质量—生态"三位一体"保护。2017 年,国土资源部印发《关于改进管理方式切实落实耕地占补平衡的通知》,强调农业发展要"着眼于耕地可持续发展能力"。2019 年,自然资源部联合农业农村部发布《关于加强和改进永久基本农田保护工作的通知》,提出要统筹生态建设和基本

---

① 中共中央党史和文献研究院编:《习近平关于国家粮食安全论述摘编》,中央文献出版社 2023 年版,第 20 页。

农田保护。2020年,中央经济工作会议提出要采取"长牙齿"的硬措施保护耕地,牢牢把握粮食安全主动权。2021年,"十四五"规划明确指出,"坚持最严格的耕地保护制度,强化耕地数量保护和质量提升,严守18亿亩耕地红线,遏制耕地'非农化'、防止'非粮化',规范耕地占补平衡,严禁占优补劣、占水田补旱地。以粮食生产功能区和重要农产品生产保护区为重点,建设国家粮食安全产业带,实施高标准农田建设工程,建成10.75亿亩集中连片高标准农田。实施黑土地保护工程,加强东北黑土地保护和地力恢复"。

"藏粮于地"战略的实施,实质是要在我国粮食生产连续多年丰收、库存高企的实际情况下,推进供给侧结构性改革、转变粮食生产方式。从而在避免破坏耕地或永久性占用耕地的基础上尽可能提升土地质量,提高粮食产能,使农业投资与粮食生产技术能够得到充分发挥,确保我国谷物的基本自给以及口粮的绝对安全。

"藏粮于地"战略也对土地生产能力的综合提升提出了更高的要求:既要增强粮食相对充足时利用部分土地种植经济作物或从事其他农作物经营的能力,增加农民收入,提高农民生产积极性;也要确保粮食紧缺时能够快速恢复粮食生产,从而兼顾粮食安全与农民增收。

"藏粮于地"战略的深化实施将推动我国农业农村的现代化发展向着更积极、更长远、更主动,在粮食安全和农业健康问题上更加长效的方向前进。在遏制耕地的"非农化"与"非粮化",优化耕地资源保存与使用体系的基础上,推动我国农业质量、农业效益、农业竞争力的全面提升,推动我国耕地资源安全保障体系和粮食安全保障体系的建立与完善。

第二节 "藏粮于地"战略持续推进的重点、难点

在当前全球粮食安全形势日趋严峻的大背景下,"藏粮于地"战略的持续推进显得尤为迫切且至关重要。面对全球人口的持续增长、气候变化带来的不确定性以及资源约束日益凸显的现实挑战,如何在有限的土地资源上实现粮食产能的最大化,同时确保农业生态环境的健康和农村经济的稳定发展,已成为摆在我们面前的一项紧迫而复杂的任务。

一、战略重点:可持续发展下粮食产能的综合提升

粮食生产能力,是由资源状况和经济、技术条件所决定、由各种生产要素综合投入所形成的,可以相对稳定地实现一定产量的粮食产出能力。在我国耕地面积不可能再有明显增加的现实约束下,更好地利用现有耕地是保障国家粮食安全的关键。

首先,要提高粮食产能,实现粮食稳产高产。在此基础上,在粮食充足时适当种植经济作物,为农民创造增收机会;或采取休耕、轮作等方式积累地力,确保粮食出现紧缺时,能够迅速调整种植结构,从经济作物种植或休耕轮作快速转向粮食生产,保证国家粮食安全。

从经济学上看,农业生产中的土地要素贡献率呈现"粮食作物高、经济作物低"的特征,这意味着基础地力的提升对确保粮食稳产高产至关重要。粮食稳产高产,首先要保护耕地面积不减少,防止耕地过度非农化与非粮化。

2013 年 12 月 23 日,习近平总书记在中央农村工作会议上强调,"保障国家粮食安全的根本在耕地,耕地是粮食生产的命根子。农民可以非农化,但耕地不能非农化。如果耕地都非农化了,我们赖以吃饭的家底就没有了"①。习近平总书记还强调,"工业化、城镇化占用了大量耕地,虽说国家对耕地有占补平衡的法律规定,但占多补少、占优补劣、占近补远、占水田补旱地等情况普遍存在,特别是花了很大代价建成的旱涝保收的高标准农田也被成片占用。耕地红线不仅是数量上的,而且是质量上的"②。随着经济发展,耕地数量减少和质量下降的压力始终存在,耕地保护和建设任重道远。

2009 年,我国曾发布专项规划,提出全国新增 1000 亿斤粮食生产能力,到 2020 年全国粮食生产能力达到 1.1 万亿斤以上。专项计划执行的效果超过了预期,2022 年,我国粮食产量达到了13731 亿斤,创历史新高。在此基础上,国家发展改革委会同有关部门启动实施新一轮千亿斤粮食产能提升行动,持续推进高标准农田建设,深入实施国家黑土地保护工程,加大农业防灾减灾能力建设和投入力度,加强基层动植物疫病防控体系建设,为提升国内粮食生产能力夯实基础。

党的十九届六中全会《决议》指出,实行最严格的耕地保护制度,确保把中国人的饭碗牢牢端在自己手中。耕地对保障国家粮食安全具有基础性决定作用,中国制定了土地管理的相关法律,明确了土地用途管制和严守耕地红线。政府部门和各地也出台了耕地保护相关条例和管理办法。

---

① 习近平:《论"三农"工作》,中央文献出版社 2022 年版,第 75 页。
② 习近平:《论"三农"工作》,中央文献出版社 2022 年版,第 76 页。

长期以来,我国土地中的农药、化肥施用量不断提高,短时间内推动了粮食单产的快速提升,但长期来看,损伤了土地,带来诸多环境问题。当前,我国正大力推进农业绿色发展转型,要求加强环境污染治理,减少化学品投入,使农业生产走向绿色、健康的可持续发展道路。在此思想指导下,保护耕地质量,提高土地要素在粮食生产中的贡献率也成为"藏粮于地"的重要目标。

耕地保护是一项综合而复杂的任务,需要决策者密切关注并有效管理耕地资源的生产潜力,以优化和提升其产出水平。只有形成兼具基础保障、动态适应和抗干扰能力的耕地保护空间,才能有效地实施"藏粮于地"战略,满足政策优化的需求。耕地是农业生产的基础,是粮食生产的生命线。保护好耕地资源,不仅关乎粮食安全,也关系到国家经济和社会的可持续发展。提高耕地的适应性和抗干扰能力是耕地保护工作的关键。面对气候变化、自然灾害等外部干扰因素,耕地需要具备足够的适应性和抗干扰能力,以保证农业生产的稳定性和可持续性。因此,决策者需要重点关注耕地资源的生产潜力,并采取有效措施进行优化和提升。综合考虑各种因素,包括土地质量、气候条件、生态环境等,制订科学合理的保护措施和规划方案,形成兼具基础保障、动态适应和抗干扰能力的耕地保护空间。只有如此,才能确保耕地资源的长期稳定利用,实现农业生产的可持续发展。

二、现实挑战:城镇化进程中耕地资源的充分利用

实施"藏粮于地"战略面临着诸多现实挑战,其中包括我国农业比较优势的下降、农业生产的资源环境约束加剧、有效劳动力短缺、比较效益不高以及农产品国际竞争力不足等问题。

首先,我国农业比较优势的下降是当前"藏粮于地"战略实施面临的首要挑战之一。由于城镇化进程加速、农村人口外流等因素,农业生产规模逐渐减小,劳动力流失,农业生产比较优势受到严重削弱。这导致农业生产效率低下、成本上升,农产品的竞争力受到挑战,影响"藏粮于地"战略的有效执行。

其次,随着资源环境约束的不断收紧,农业生产遇到了越来越大的挑战。土壤污染、水资源短缺、气候变化等问题不断恶化,限制了农业生产的可持续发展。我国地形复杂多样,平原、盆地、高原、山地等类型分布不均,耕地资源总量不足,人均耕地面积仅为世界平均水平的40%。同时城镇化进程的快速推进使农田被大量占用,据统计,1957年至1996年,我国耕地年均净减少超过600万亩;1996年至2008年,年均净减少超过1000万亩;2009年至2019年,年均净减少超过1100万亩[1][2]。这一趋势反映在人均耕地面积上,一调(第一次全国土地调查)为1.59亩、二调为1.52亩、三调为1.36亩。第三次全国国土调查数据还显示,10年间我国耕地净流向林地1.12亿亩,净流向园地0.63亿亩,有6200多万亩坡度2度以下的平地被用来种树。[3]

同时,温度、降水量等气候条件也会影响作物生长周期和产量,从而影响整个农业供应链。例如在2022年,全国的平均气温出现了历史次高,降水量则为2012年以来最少,区域性和阶段性

---

[1] 张国平、刘纪远、张增祥:《近10年来中国耕地资源的时空变化分析》,《地理学报》2023年第3期。

[2] 赵玉领:《中国近10年耕地资源变化情况统计分析》,《国土与自然资源研究》2020年第1期。

[3] 《第三次全国国土调查主要数据成果发布》,中国政府网,https://www.gov.cn/xinwen/2021—08/26/content_5633490.htm。

干旱明显,南方夏秋连旱,而华南、东北地区则雨涝灾害重,对农业供应链产生了巨大的冲击。由于我国幅员辽阔,气候多变,每年都会有部分地区受到如洪涝、旱灾、农作物病虫害等自然灾害的影响,这就直接严重影响了粮食的产量和质量。

另外,土壤质量也是不可忽视的因素。我国土壤类型比较丰富,黄土、红壤、黑土、白垩土均有分布。受到侵蚀、盐碱化、重金属污染等因素影响,目前我国耕地质量总体不高。《2019年全国耕地质量等级情况公报》显示,我国评价为一至三等的耕地面积为6.32亿亩,占耕地总面积的31.24%;评价为四至六等的耕地面积为9.47亿亩,占耕地总面积的46.81%;评价为七至十等的耕地面积为4.44亿亩,占耕地总面积的21.95%。[①] 由于土壤中的氮、磷、钾等营养成分又会直接影响作物的生长质量,若土壤退化严重,则可能需要更多的化肥和其他输入来维持生产,这无疑增加了农业生产的环境负担,不仅会影响农业生产效率,还会进一步影响粮食安全和农业可持续性。加上我国农业中存在的耕地资源的不合理使用,进而加剧了土肥下降、土壤退化等问题,这都为国家的粮食安全带来了潜在的风险。由于在有限的土地资源上长期过度使用化肥、农药以及地膜等农业生产物资,耕地质量逐年下降,地力不断衰减,这又进一步阻碍了粮食产能的提升。

随着我国人口持续增长,资源环境承载力日益趋紧,土壤面源污染、重金属以及农膜残留等问题给土壤安全带来了巨大威胁。为了有效解决这些问题,必须针对不同地区的污染情况实施分区分类施策。这包括加强源头防护,修建生态拦截坝、植物隔离带或

---

① 《2019年全国耕地质量等级情况公报发布》,中国政府网,https://www.gov.cn/xinwen/2020—05/13/content_5511129.htm。

人工湿地缓冲带,以阻隔污染物对农田的进一步冲击。

与此同时,水土错配、土地格局与权属细碎化、基础设施配套不完备等低效利用问题也严重制约着现有耕地的生产可持续性。特别是在北方粮食主产区,由于与水资源不匹配,加剧了资源性缺水和工程性缺水的矛盾。因此,必须坚决贯彻习近平总书记的指示,将水资源作为最大的刚性约束,合理规划产业发展,抑制不合理用水需求,防止开发过程中对土地造成不可逆的危害。在解决这些问题的过程中,需要采取综合而系统的措施。一是加强对耕地资源的科学研究,深入了解土地的物理、化学和生物特性,为制定科学合理的保护政策提供依据。二是建立健全的监管机制,加强对耕地利用和保护的监督和检查,及时发现和解决存在的问题,确保耕地资源的合理利用和保护。同时,还需要形成一套科学合理的管理和监管体系,充分发挥政府、农民和社会各方的积极性和创造性,实现耕地保护的长远目标,确保国家粮食安全和经济社会的稳定发展。三是注重与其他相关政策的衔接和配合,比如与生态保护政策相结合,加强对生态环境的保护和修复,为耕地保护提供良好的生态环境。同时,还要与农业产业政策相结合,支持农民发展多种经营、多元收入,提高他们的生活水平,增强他们对土地的保护意识。

在解决耕地面积减少和地力衰减的同时,还需要关注农业生产经营的效率问题,实现经营主体与土地的紧密结合。由于我国长期以来的小农经济传统和农业生产模式的特性,比如农业生产主体多为小农户,农业规模化程度不够,加之流转土地困难,提升农业经营效率面临着巨大的阻力。第三次全国农业普查数据显示,全国小农户数量占农业经营主体的98%,小农户从业人员占农业从业人员的 90%，小农户经营耕地面积占总耕地面积的 70%。① 这些数据清晰地展现了小农户在中国农业中的主体地位，同时也揭示了提高农业经营效率在当前情况下面临着的巨大挑战。

有效劳动力短缺也是当前"藏粮于地"战略面临的重要挑战之一。随着城市化进程的快速发展，越来越多的农村劳动力流向城市，导致农村劳动力短缺，农业生产面临生产要素不足的困境。缺乏足够的劳动力支撑使农业生产效率低下，制约了"藏粮于地"战略的有效实施。

在全球化背景下，国际市场竞争激烈，我国农产品在国际市场上的竞争力相对较弱。贸易壁垒增加、国际贸易摩擦加剧，进一步削弱了我国农产品在国际市场上的竞争力，对"藏粮于地"战略的实施构成了阻碍。在全球百年未有之大变局下，各种不确定性因素加剧了粮食供应的风险。地缘政治冲突、极端天气事件等因素相互叠加，给全球粮食产业链和供应链带来了极大的挑战。这些全球性挑战也对中国的"藏粮于地"战略实施提出了更高的要求，带来了更大的压力。

长期以来，我国在耕地保护、利用和治理方面尚未形成科学且系统的认识，导致耕地资源的生产潜力未能得到充分发挥。耕地的生产能力受多方面因素影响，包括气候、地质、科技和人文等方面，而当前仍存在较大的潜力空间可以挖掘。因此，科学保护耕地，实施耕地保护的过程中，数量管控、产能提升、促进健康成为关键策略。数量管控要求在保障耕地总量的前提下，合理调整和优

① 《第三次全国农业普查主要数据公报》，国家统计局网站，https://www.stats.gov.cn/sj/tjgb/nypcgb/qgnypcgb/。

化耕地结构,确保耕地的数量和质量达到最佳状态。产能提升则要求不断提高耕地的生产力和效益,通过科技创新、耕作方式改进等手段,提升耕地的生产潜力。促进健康则是保证耕地生态环境良好,土壤肥沃、水源充足、生物多样性丰富,从而保障农作物的健康生长和高产稳产。为了实现耕地保护的目标,必须形成一套科学合理的管理和监管体系。

面对种种挑战和困难,我国必须认真分析当前形势,积极应对,采取有效措施解决问题。通过深化农业改革、加强农业科技创新、促进农业产业结构调整等举措,提高农业生产效率和竞争力,加强资源环境保护和治理,保障农产品质量和安全,提升全球竞争力,从而有效应对"藏粮于地"战略实施中的各种挑战。同时,加强国际合作,推动全球粮食安全事业共同发展,共同应对全球粮食供应的挑战,实现我国粮食安全和农业可持续发展的良好局面。

第三节 深入推进"藏粮于地"战略:齐河县的探索

"藏粮于地"战略的具体落实,涉及政府、社会组织、专业技术组织、生产经营主体等多元主体,也涉及公共政策、发展规划、技术推广、经营管理等方方面面的问题。本书采用的研究方法,是从一个具体县域的实践过程出发,讨论其中具体问题的解决方式。

齐河县在县域落实"藏粮于地"战略的过程中,着重解决的是以下三个问题:

第一,如何根据国家耕地建设保护的法律和政策,不断推进耕地保护和建设。

第二,如何在当前耕地建设的国家项目制的框架下,因地制宜地实施高标准农田建设项目和地力提升工程,切实提高耕地质量。

第三,如何在耕地保护和建设过程中,适应小农户为主的生产经营主体格局,提高耕地质量。

在上述三个问题指引下,本书将从下述五个方面深入考察齐河县有效推进"藏粮于地"县域实践的工作历程、工作经验与理论启示:

第一,关注新中国成立以来齐河县粮食产能建设的长期经验。新中国成立以后,国家和各级政府在不同历史时期充分发挥制度优势,整合调动资源,促进农业发展。在耕地、水利、农业技术等方面取得了突出的成就,为齐河县粮食产能的腾飞奠定了坚实的物质、技术与观念基础。改革开放后,齐河县耕地建设主要是以"项目制"形式展开。政府以项目制拉动经济增长,同时将政府的各层级关系与社会的各分支领域有机统合,有效治理。从而在小农日益分散化的历史趋势下有效保护了以水利为主的农业基础设施的长期维护与有效更新,为粮食生产能力的综合提升与耕地资源的可持续利用积累了丰富的经验,打下了坚实的基础。

第二,关注齐河县耕地数量保障与耕地用途管制的长期实践。伴随我国耕地保护制度的逐步完善,齐河县紧跟中央步伐,集中精力做好耕地保护工作,科学处理耕地保护和耕地高效利用间的有机关联,争取利用有限的土地资源实现最大化的经济、社会和生态收益。针对城镇化进程中耕地资源流失、耕地污染加剧、耕地撂荒频繁等迫切的现实问题,齐河县坚持开发与保护并举,整合农用地、盘活闲散地、创建高产地三管齐下,充分落实耕地用途管制与耕地保护责任,创新耕地利用与耕地监管实践方式,通过方法创新、制度创新、技术创新,统筹规划,优化国土空间开发、保护和整治格局,明确耕地利用优先序,有效推动了耕地和永久基本农田保护工作的规范化、制度化、常态化。

第三,关注齐河县高标准农田建设的全域梯次推进。"高标准农田建设"通过改善耕地环境和管理,最大限度地发挥了耕地在粮食生产中的作用。齐河县政府扎实履行公共品供给职责,以行之有效的集中制高标准农田建设管理机制,优化农业资源配置,提高资源利用效率,降低建设成本。政府为高标准农田建设提供必要的公共品,并确保有效的组织机制。从而有效应对管理结构分散、投资标准不足以及建设质量不高等现实问题。引入国有企业实施农田水利建设项目,提高投资效益和建设质量。同时引入社会资本参与农田建设,丰富资金来源,提高项目的可持续性。最终,政府不断总结经验,支持实践创新地推广运用,为农田建设提供更多的可行路径和借鉴经验。使农田建设与可持续发展目标能够更好结合。政府可以在规划中考虑生态保护、资源节约和社会公益等因素,推动农田建设朝着可持续性的方向发展,保障未来农业的可持续性和安全性。

第四,关注政府如何有效衔接、调动小农,推广地力提升项目高效实施。地力提升可以通过提高土壤质量和肥力来增加农作物产量,有助于实现农业的可持续发展。齐河县政府兼顾农业生产的经济效益和环境效益,在项目推进过程中最大限度地提高土地可持续利用能力。为应对小农户经营分散、技术水平较低的困难。齐河县采取了多方面的努力和综合措施。利用科技和信息化手段改变传统的农业生产模式,提高农业生产效益,减轻农民的劳动强度,增加他们留在农村的动力。发展农业合作社促进农户的集中化经营和规模化生产,提高农业生产效率和农民收入水平,帮助农民更好地获得技术支持、资金支持以及市场对接等服务。经由地力提升项目的有效实施,政府不仅吸引农民留在农村从事农业生产,也改良了土地经营模式,完善了田间试验、土壤调查、配套技术示范等多方面的耕地高效利用与地力涵养机制,将地力提升工程加入各项粮食高产创建和绿色增效项目中,从而将地力提升项目与小农户经营有效结合,在实践中贯彻落实了"藏粮于地"综合要求。

第五,关注镇、村两级在多元主体耕地利用格局与耕地质量提升中起到的重要作用。在实践中,齐河县逐步形成了多元化主体的耕地利用格局,即以小规模地块经营农户为主,适度规模地块经营农户和流转大规模地块经营的合作社、企业等主体并存的土地使用格局。高标准农田建设在分别由不同主体使用的不同规模的地块上能够具备统一的工程技术质量,地力提升技术在分别由不同主体使用的不同规模的地块上能够遵循同等的技术使用标准。分析将通过实际案例,突出镇街政府和村集体在技术实施的项目主体(施工方)和各类土地利用主体(农户、合作社等农业经营主体)之间的居间协调对实现上述统一质量和同等标准所起的关键作用。在齐河县地力提升的项目实施过程中,当地形成了多元主体的协调发展。以小农户为主要构成的经营现状为基础,县级政府对外强力支持并依靠社会化服务组织发挥技术及组织优势,保障作业质量、推进降本增效,盘活农业社会化服务市场,增加地力提升服务供给;对内发挥村集体的协调作用,培育通晓农业技术、带领农民致富、解决农民矛盾的农村领头人;充分认识农民群众进行地力提升的主观能动性,通过开展多种活动调动农民的内源式动力。最终化解了不同土地利用主体关于地力提升项目实施过程中产生的各种问题,同时也发挥了不同主体对地力保护的主动性和创造性。这些举措不仅促进齐河县小麦玉米种植标准化专业化生产,真正地让地力提升走进千家万户,保障了国家粮食安全,促进了农民增收,也是连接了多个市场主体共同参与项目推进,是农业组织化的重要组成内容。

在当前耕地保护形势严峻、地力提升任重道远、经营方式急剧变革的情况下,素有"黄河绿色粮仓"之称的齐河县用实践经验走出了一条从粮食高产创建,到绿色增产模式攻关,再到绿色高产高效创建的"藏粮于地"县域实现之路。本书的主要目标就是通过齐河县的探索,对上述三个问题给以具体的分析和总结,以为更多的粮食生产县提供借鉴。

第二章 齐河县"藏粮于地"的发展进程

耕地是粮食生产的基本载体,是粮食生产最重要的自然资源基础。耕地的数量和质量直接影响到粮食产出的数量和质量。"藏粮于地"本质上就是"切实加强耕地保护,全力提升耕地质量"。"藏粮于地"战略的落实、推进、深化、创新,需要立足实践、走进实践,从实践中发现耕地保护与耕地综合生产能力提升,从而保障粮食安全、稳定、可持续供给的可靠路径。

第一节 齐河县耕地保护的工作成效

一、基于本土条件的县域探索

"藏粮于地"战略的县域探索需要立足于县域发展的实际条件,针对多方问题进行考察,发现潜在的实践与发展路径。目前,由于耕地后备资源有限,农业发展面临着农民增收和粮食增产两难的压力,生产能力的闲置主要是经济因素导致的,这也决定了实现生产能力的有效转换需要通过一定的经济机制来实现。

　　改良土地经营模式,提高复种指数是提高我国粮食生产能力的重要举措。只有立足县域农业生产、农业政策、农业经营模式的基本情况,才能对其作出有效改良,激活其较大的开发潜力。在国家政策和技术支持下,提高复种指数还需要优越的水热条件作为自然基础,以及根据地域特点采取各种技术手段。这可能包括发展多种形式的种植制度,最大限度地利用土地、时间和空间;培育高产早熟耐寒品种,推广地膜覆盖,改善水利设施,增加施肥投入,以及加快农业机械化进程等。

　　然而,技术只是影响复种指数的一个因素,当前的粮食生产比较效益相对较低,是复种指数难以提高甚至下降的最主要原因。在粮食生产面临边际效应递减的情况下,一些地区的农民只能减少复种,甚至荒废耕地,外出打工以维持生计。近年来,国家实施了粮食直补、农机补贴和种子补贴等农业补贴政策,在一定程度上调动了农民的生产积极性,尤其是中西部地区的农民更加积极参与种粮生产。然而,由于我国农业补贴面广,单位面积补贴力度受到影响,而近年来农业资料价格的上涨也在一定程度上抵消了农业补贴政策的效果。在这种情况下,政府应当在粮食充裕时鼓励农民种粮,同时引导农业多元化经营,主动利用耕地。而在粮食紧缺时,政府需要进行宏观调控,加大投入,提高粮食复种指数,以实现粮食生产能力的目标。

　　在县域实践中,要结合当地的实际情况,因地制宜地推行"藏粮于地"战略,保障农民的利益和粮食安全。通过有效的政策引导和经济激励,激发农民种植的积极性,提高耕地的利用效率和粮食产量,促进农业的可持续发展。同时,加强对农业生产的管理和监督,确保"藏粮于地"战略的顺利实施,为国家粮食安全和经济社会的稳定发展作出贡献。在具体操作中,应尝试探索、建立以补偿机制为主,惩罚机制为辅的管理体系,设立专门的补贴基金。在粮食充足的情况下,可以对不破坏耕作层的经营行为进行补偿,引导积极的耕地闲置方式,例如鼓励种植经济作物。由于经营经济作物的预期收入大于种粮收入,这将对农民具有较大吸引力,有效地保护了耕地的"藏粮"能力,同时也在一定程度上解决了农民增收的问题。一旦出现粮食紧缺,可以迅速恢复粮食生产能力。

在粮食产能建设上,齐河县的自然地理条件使其在农业生产方面有一定的先天优势。从地理环境来看,齐河县位于黄河下游冲积平原,土壤比较适合农业种植。在土壤条件方面,轻壤土主要分布在安头、晏城、祝阿、潘店等乡镇的二坡地上,面积66.22万亩,占全县可利用土地面积的47.3%;中壤土主要分布在沿黄的赵官、胡官屯、焦庙、仁里集、晏城等乡镇,面积45.36万亩,占全县可利用土地面积的32.4%;重壤土主要分布在地势低洼、水位偏高的浅平洼地及背河槽状洼地上,大黄洼及仁里集以北、潘店以南、胡官屯西北一带多为此类土壤,面积14.14万亩,占全县可利用土地面积的10.1%。

在气候方面,齐河县属暖温带半湿润季风气候,光热资源充足,年降水适中。日照资源丰富,农作物生长季节平均日照时数为1700.1小时,属长日照区。农耕期为286.2天,积温5041.2℃,降水分布集中,夏季降水日数占全年总数的45%。年平均降水量为521.2毫米,多为贫水年,平均每6天有一次降水,夏季降水量占全年总量的62.3%。

总体来看,齐河县因其得天独厚的地形、气候资源,在农业种植方面有一定的优势。但合适的自然地理条件并不足以保障粮食的高效生产。在新中国成立之前,齐河县人民的生存状况十分艰难。封建社会时期,齐河县农业经济仍处于自给自足的状态,生产工具落后,技术陈旧,管理不善,无法充分利用土地资源。频繁的自然灾害更加剧了困境,每逢灾年,农业收成都岌岌可危,生计难以维持。洪涝、旱灾、虫灾等灾害长期困扰着齐河县,据历史资料记载,自宋熙宁十年(公元1077年)至1948年,长达872年的时间里,共有244年遭受过洪、旱、涝、虫等自然灾害,占总年数的28%(见表2-1)。

表2-1 公元1077—1948年齐河县自然灾害统计

时间	自然灾害类型		有重大自然灾害的年数(次数)	有重大自然灾害的年数占所有年数的比例
宋熙宁十年(公元1077)—1948年,共872年	河道决口		49	5.62%
	旱	特旱	8	7.68%
		重旱	18	
		大旱	41	
	涝	特涝	5	9.5%
		重涝	29	
		大涝	49	
	虫	蝗虫	38	5.16%
		其他	7	

资料来源:《齐河县志》。

如明万历三十三年(公元1605年)春夏大旱,"千里如焚,七月伏蝗,饥人相食"。明崇祯十三年(公元1640年)蝗、旱、螟虫大害,"土地荒芜,村落邱虚,斗米银一两余"。清顺治七年(公元1650年)金龙口黄河决口,"自西南长清县境(现系齐河)一带至东北,平原汪泽,一望无际,一时庐舍、田禾漂没殆尽,且河运船只,多至洛口载盐,由齐河北关经八里庄,流洪洼西去,昼夜扬帆而行,遇风则洪波巨浪,无异江湖"。清康熙四十二年(公元1703年)"雨水连绵,黎民被灾。若不予济,一经逃散,难复安集"。清光绪十年(公元1884年)李家岸黄河决口,"自赫家洼下数百里,大流经域,尽被沙压,房屋冲倒无数,谷陵变迁,此为最甚",目前仍留有百里沙漠之迹。

在民国时期,县内农村经济虽有一定恢复,但受到军阀混战和自然灾害的影响,人民的生产生活水平仍然比较低。据民国二十一年(公元1932年)《中国实业志》记载,当时齐河县总人口为29.97万人,人均占有粮食仅有149.3千克,并且大部分集中在地主阶级手里,自耕农(中农)能维持半年糠菜半年粮的生活。贫雇农及佃农更是家无过夜之粮,一贫如洗。抗战胜利之后,国民党政府因为腐败无能,征收苛捐杂税,名目繁多。杂牌军、烂泥队、还乡团抢劫搜刮遍及全县各个村庄,贪官污吏敲诈勒索,地主阶级高利盘剥,加上物价飞涨,使广大农民处于衣不蔽体、食不果腹的困境之中,农民背井离乡,土地荒废,农业生产每况愈下。在这样的背景下,中国共产党的到来改变了齐河县的农业生产面貌。齐河县境内革命根据地和解放区人民在中国共产党的领导下,坚持自力更生、自给自足、厉行节约的原则和"发展经济、保障供给、减轻人民负担"的方针,通过兴修水利、开垦荒地、推广农技、扩大秋种面积、减租减息、互助合作和大生产运动,极大地发展了根据地的农业生产,使根据地和解放区农业经济得到迅速恢复和发展。广大劳动人民的生活得到改善,为夺取抗日战争和解放战争的胜利作出了重要贡献。但是由于长期受到日本侵略者和国民党消极抗战政策以及内战动员的干扰和破坏,以及耕地建设基础比较薄弱,齐河县的农业生产没能实现质的飞跃。直到新中国成立之后，这一状况才得到根本扭转。

回顾这段历史，我们会看到，耕地资源也需要合理的管理和技术手段发挥其潜力，耕地建设有其必要性。一方面，稳定的农田生态系统是确保耕地粮食生产能力可持续的基础。作为农田生态系统稳定的根本，健康的土壤才能提供粮食作物蓬勃生长所必需的养分、水、氧气和根部支持。另一方面，完备的农田基础设施条件是保障。粮食生产需要良好的农田灌排水利设施和便利的农田生产网络。耕地建设既要强化土壤培育、耕地地力的提升，又要加强农田生态系统建设，构建稳定的农田生态系统，还要配套完善的农田基础设施建设，保障耕地具有稳定的粮食生产能力。

耕地红线不仅是数量上的，而且是质量上的。保耕地，不仅要保数量，还要提质量；农田必须是良田，要建设国家粮食安全产业带，加强农田水利建设。自新中国成立以来，齐河县在耕地建设方面取得了长足的进步和丰硕的成果。在 20 世纪 50 年代至 70 年代初期的社会主义建设时期，县委、县政府积极领导全县人民，持之以恒地进行耕地建设，不断兴修水利，改造盐碱涝洼沙荒薄地，进行农田基本建设和中低产田开发，使土地平坦程度和地力水平不断提高。这一时期，耕地建设主要依赖农民自发的劳动力和资源整合，以水利和简易灌溉设施为主，有效地改善了农田灌溉条件，提高了农作物产量。改革开放以来，齐河县耕地建设采取了更加系统化和规模化的措施。政府实施了一系列农业开发项目，如引进外资项目、农业综合开发等，通过项目制，有效整合资源，提高了农业生产条件，增强了抗灾能力，促进了农业的增产增收。到 2010 年，全县有效灌溉面积扩大到 90 万亩，占耕地面积的

71.5%。同时,基础设施条件也得到了显著改善,农村全部通电,为提高农业生产水平发挥了重要作用。在这一过程中,耕地建设的适用技术得以总结和推广,县乡村各级组织和广大干部群众的主体自觉性得到了凸显,为今天更高质量的耕地建设提供了宝贵的物质资源和精神力量。这一历程不仅为齐河县粮食产能的腾飞奠定了坚实基础,也为更广泛地推动农业现代化进程提供了宝贵经验。党的十八大以来,齐河县通过高标准农田建设、"吨半粮"核心区打造和政策资金支持等多重措施,在耕地建设方面取得了显著成果。依托科学技术创新,齐河县率先推广"秸秆全量粉碎还田"和"种养结合+生物多样化"模式,显著提升耕地质量。齐河县严格落实耕地保护制度,建立 3445 人的田长队伍,联动监管、从严执法,实现了耕地数量保护、质量提升的全面突破。在农业农村部的指导下,齐河县建成高标准农田 86.9 万亩,建立了全国最大的 80 万亩粮食绿色高产高效示范区,通过分区域推进,集中连片建设核心区,并辐射带动 65 万亩单产提升区,实现了高标准农田的统筹布局和粮食生产能力的全面提升,成为全国农田建设的样板,为农业现代化和粮食安全提供了坚实保障。

"藏粮于地"战略的目的在于稳定耕地粮食产能,保障国家粮食安全供给。其实践路径的探索必须立足于县域农业生产的现实情况。通过加强耕地资源保护、提高耕地质量和农田基础设施建设,可以解决粮食生产能力不稳定的问题,确保在需要时能够根据国家需求产出足量、优质安全的粮食。同时,通过实施"藏粮于地"战略,农民可以将部分耕地转为种植高效经济作物,提高产出效益,增加农民收入,增强农民的再生产能力。

二、齐河县耕地保护政策的执行效果

如何实现城镇化与包括耕地资源在内的自然资源和谐共生是我国长期探索的重要问题。1996 年到 2017 年,我国经历了"超高速"的城镇化进程时期,城镇化率年均提升 1.42 个百分点,对资源环境产生巨大的压力,导致资源消耗高、生态遭受破坏、环境遭到污染等一系列问题。2021 年,中国城镇化率达到 64.72%,速度仅提高了 0.83 个百分点,呈现明显的减缓趋势,说明我国在国家政策层面和总体水平上超高速城镇化时代已经结束,城镇化逐步转向高质量发展阶段。[①] 但是,对地方政府而言,经济发展的压力始终存在,地方政府在环境保护目标与经济增长目标之间存在权衡替代关系[②],地方政府为何以及如何平衡城镇化过程中的建设用地与耕地保护之间关系的问题仍然有待探讨。

调研显示,齐河县城镇化进程中耕地保护的主要难点包括:其一,耕地资源流失。随着国家城镇化政策的实行以及齐河县城镇化的不断推进,使原有的土地性质和土地用途发生了改变,其中,一些农用地和耕地的功能慢慢从农业生产转变为工业或者商业性质用地,尤其是城镇周边的耕地。同时,随着齐河县招商引资工作的进一步开展,企业的规模化落户将挤占城镇周围的土地,导致耕地资源的不断流失。其二,耕地污染。城镇化、工业化的推进和企业的入驻势必会增加工业垃圾与生活垃圾,给现有耕地资源带来不小的负面影响。此前,由于工厂偷排等原因,齐河县部分被污染的耕地面临着土壤重金属超标的风险,对粮食作物及其他农作物

---

①　魏后凯:《构建人与自然和谐共生的城镇化格局》,《城市问题》2023 年第 1 期。

②　潘旭文、付文林:《环境信息公开与地方发展目标权衡——环保与经济增长的视角》,《经济科学》2023 年第 6 期。

的种植产生威胁。其三,耕地撂荒。由于种地面临的不确定风险较大,收入较低,为了改善家庭生活水平,农村地区的大量年轻劳动力选择进城务工增加收入,留守的多为儿童和老年人,耕作能力有限。齐河县所处位置靠近省会城市济南市,为年轻劳动力外出打工带来不少便利,劳动力流失的现象更为严重,更有不少家庭选择举家外迁,耕地经营权流转需求较大。

改革开放初期,在城镇化进程要占用大量耕地的现实下,齐河县政府一直注重对耕地的保护及对违法占用地块的查处。1986年年底,齐河县全县清查非农业建设用地,查出各类违法占地面积833.75万平方米。其中包括违法占地的砖瓦窑厂90处,占地583.63万平方米。对经济效益较高的65处窑厂,补办用地手续,帮助制订复兴计划;对经济效益较差的15处窑厂限期整顿;对经济效益差的10处窑厂限期停产,恢复耕种。1987年6月,齐河县重点查处公路沿线非法占地,有170户补办用地手续,拆除违章建筑10处。1988年,重点查处县城周围的违法用地,查处违法占地35起。1989年,全县查处违法占地220起,占地43.15万平方米。1992年,实施《齐河县城镇国有土地使用权出让暂行规定》《关于清理整顿土地市场的意见》《齐河县城规划控制区统一征地暂行办法》。县土地管理局依法处理县第四汽车运输公司土地使用权侵权案。1993年,实施《关于历史形成的国有土地权属纠纷的处理规定》,依法处理县被服厂与县直机关第一幼儿园土地纠纷案。同时清理整顿土地隐形市场,查处非法交易土地750宗、2.53万平方米,处罚35万元。①

---

① 山东省齐河县地方史志编纂委员会:《齐河县志(1996—2008)》,中华书局2010年版。

　　1995 年,实施《齐河县基本农田保护办法》和《齐河县农村集体土地管理规定》。开展耕地保护专项检查,采取乡镇自查和县级抽查相结合的方式,对 1992 年以来全县耕地面积变化情况进行彻底清查。先后处理潘店乡农贸市场等违法占地案件 24 起,消除农村土地闲置和耕地撂荒现象。1995 年,县、乡两级划定基本农田保护区耕地 76304.8 万平方米,其中一级保护区 45489.4 万平方米、二级保护区 16208.1 万平方米、三级保护区 12606.3 万平方米,占全县耕地的 85.4%。农田保护区设立保护标志牌,禁止任何单位和个人乱占。非农业建设用地经批准占用基本农田的应"占多少、垦多少"。没有条件开垦的,缴纳基本农田保护区耕地造地费。1998 年,清查非农业建设用地,处理违法占地案件 148 起。①

　　2016 年,为做好城乡建设用地增减挂钩工作,提高节约集约用地水平,促进城乡统筹发展,齐河县国土资源局发布《齐河县人民政府关于印发齐河县城乡建设用地增减挂钩项目实施管理暂行办法的通知》,通知以保护耕地、保障农民土地权益为出发点,以改善农村生产生活条件,统筹城乡发展为目标,以优化用地结构和节约集约用地为重点,依据土地利用总体规划和土地整治规划,将若干拟复垦为农用地的农村建设用地地块(即拆旧地块)和拟用于农民安置、农村发展、城镇建设的地块(即建新地块)共同组成拆旧建新项目区,通过土地复垦和调整利用,实现项目区内耕地面积不减少、质量有提高,城乡用地布局更合理的土地整治措施。

　　在上述一系列耕地保护政策执行之下,齐河县的耕地变化情

---

　　①　山东省齐河县地方史志编纂委员会:《齐河县志(1996—2008)》,中华书局 2010 年版。

况如下：2008 年全县耕地总面积 125.91 万亩，人均占有耕地面积 2.31 亩；2009 年全国第二次土地调查数据显示，齐河县全县耕地总面积 125.96 万亩，比上一年增长 500 亩。2010 年全县耕地总面积 125.96 万亩，与上一年持平，耕地保有率 100%；2011 年全县耕地总面积 124.45 万亩；2012 年全县耕地总面积 124.32 万亩；2013 年全县耕地总面积 126.26 万亩；2014 年全县耕地总面积 126.41 万亩；2015 年全县耕地总面积 126.46 万亩；2016 年全县耕地总面积 126.32 万亩；2017 年全县耕地总面积 126.02 万亩。2018 年，全县耕地总面积 126.02 万亩；第二次土地调查以来，齐河县耕地面积稳中有增。

2019 年，齐河县自然资源局印发的《齐河县国土空间规划编制工作方案》，明确了空间规划编制工作的要求、任务和进度安排。大力推进增减挂钩、工矿废弃地复垦项目，共验收土地挖潜指标 3225 亩。严格按照划拨及招拍挂土地供应程序保障全县项目建设用地，共供应土地 6909 亩，有效保障了全县经济社会发展用地需求。严格落实耕地保护责任制度，层层签订耕地保护责任书，完成了上级下达的耕地 126 万亩和基本农田 108 万亩的保护任务。坚持开发与保护并举，加大残次林地、未利用地等开发整理力度，落实耕地占补平衡制度。第三次全国土地调查显示，齐河县耕地面积 129.98 万亩，比第二次土地调查增加 4.02 万亩。

2021 年，齐河县全面推行耕地和永久基本农田保护“田长制”，健全“田长制”工作机制，将地划分到块，责任到人。全面完成上级下达的耕地和永久基本农田保护任务目标。耕地保护督察整改和土地问题综合整治工作成效明显。2021 年全县耕地总面积 129.74 万亩；2022 年耕地总面积 129.75 万亩，耕地保有率

100%;2023年年初,自然资源部公布了首批全国自然资源节约集约示范县(市)认定名单,山东省有21个县(市)入选,德州市齐河县榜上有名。同年3月,齐河县在山东省耕地保护成效突出的县的评比中取得第一名的好成绩。成功的背后是齐河县对耕地保护红线的坚守和笃行。

综上所述,齐河县有效落实了国家耕地保护政策。为了进一步增强耕地保护成效,为全面完成上级下达的耕地和永久基本农田保护任务目标努力,进一步增强耕地保护督察整改和土地问题综合整治工作,牢固树立"绿水青山就是金山银山"理念,加快构建耕地数量、质量、生态"三位一体"保护新格局,坚守耕地保护红线,提升国家粮食安全保护能力,实现对耕地的全方位、全覆盖、无缝隙管理。

第二节 齐河县耕地建设的历史经验

新中国成立后,面对积贫积弱、农业发展水平低下的困境,我国采取了一系列的改革措施来推动农业现代化进程。在这一时期,农业合作化与人民公社制度的建立,实现农村土地私有制向公有制的转变。通过集体化最大限度地动员农村劳动力投入一系列劳动密集型项目以及广泛利用各类传统技术与投入,改善农业基础设施条件,提高农作物单产。在资源要素有限的条件下,探索出一条集体化建设的道路,充分利用体制优势,发挥人民群众的力量。这一时期,齐河县的农业也在社会主义革命和建设的背景下逐步发展起来,为当地农村经济的繁荣奠定了基础。

一、农业合作化时期的小型农田水利建设

新中国成立以后,国家和各级政府把农业摆在重要位置,采取各种措施,促进农业发展。土地改革和合作化运动,改善了农村生产关系,提高了农业生产水平。1951 年全面完成了土地改革后,大力开展了互助合作运动,至 1956 年,全县农业基本实现了互助合作化生产。这一生产方式大大提高了生产效率,一般比单干农民增产一成以上。在合作化生产的基础上,齐河县的农田水利建设工作也如火如荼地开展起来。

这一时期,国家高度重视农田水利建设工作,推广群众性的小型水利建设经验,并在合作化和组织化的基础上充分调动人民群众参与农田水利建设。政务院(国务院的前身)于 1952 年 12 月 19 日发布《关于发动群众继续开展防旱、抗旱运动并大力推行水土保持工作的指示》,强调通过防旱抗旱和水土保持逐步从根本上解决农业生产迅速发展的"瓶颈"。文件指出,要想做好防旱抗旱工作,就必须开展蓄水运动和提高灌溉能力。必须本着预防为主的方针,拟定因地制宜的计划,全面地深入地动员广大群众进行农田水利建设,保证防旱抗旱计划的胜利实现。1953 年 3 月,水利部召开农田水利工作会议并向中央呈送了总结报告。总结报告充分肯定了发动群众进行小型农田水利建设的经验,认为在国家财力不足、工业化程度不高的情况下,开展群众性的小型水利建设成效最为显著。中央批转后强调,农田水利建设应将重点放在开展群众性的各种小型水利建设。随着合作化运动的快速推进,农田水利建设也逐渐融入合作化事业中来,合作化和组织化为农田水利化提供了组织保证和人力保证。1954 年,中央批转的农村工作部关于全国第四次互助合作会议的报告中,进一步指出必须要善于把农民群众的人力、财力、物力组织起来发展小型水利,并给予他们有效的技术帮助。1955 年 8 月,华北五省区召开的农田水利建设工作会议强调,应紧密地结合互助合作运动的蓬勃发展,贯彻大力发动与依靠农民群众自办农田水利事业,国家在经济上和技术上给予扶助,充分挖掘已有灌溉设施的潜在力量,大量兴办小型农田水利建设工程,有条件的地区也可择优兴办较大型的农田水利灌溉工程。同年 10 月,中央批转了水利部党组报送的关于华北五省区农田水利工作会议纪要的报告,规划第一个五年计划时期,全国农田水利灌溉面积由 7200 万亩增加到 1 亿亩,保证完成国家农业增产计划的顺利实施,这就要求各级干部把领导农田水利建设作为一项重要工作来做。

在这一背景下,齐河县也大力兴修水利、增施肥料、推广新式农具、实行精耕细作、普及农业科学技术等,广泛深入地开展爱国增产竞赛运动。这一时期,尽管物质条件较差,但由于互助合作化运动开展,以及与生产力发展相适应的各项农业经济政策的实施,农业发展较快。1956 年全县农业总产值、粮食总产、单产分别比 1949 年增长 42.9%、33.9%、48.2%(见表 2-2)。①

表 2-2　1949—1956 年齐河县农业产值统计

年份	全县农业总产值(万元)	粮食总产(万千克)	单产(千克)
1949	4241.0	14508.8	80.5
1952	4939.0	16143.1	97.5
1954	5631.0	18693.8	110.7
1956	6060.0	19429.6	119.3

资料来源:山东省齐河县地方史志编纂委员会:《齐河县志(1996—2008)》,中华书局 2010 年版。

---

① 山东省齐河县地方史志编纂委员会:《齐河县志(1996—2008)》,中华书局 2010 年版。

这一时期,齐河县耕地建设的特点是规模小、投资少、群众高度参与。在经济资源有限的条件下,齐河县响应中央号召,以小规模、群众高度参与的方式,为后续的农业生产的恢复与发展提供了必要条件。更为重要的是,这一时期的耕地建设充分发挥了群众主体性,调动了积极性,形成了新的农田水利建设模式,为此后的耕地建设积累了技术和组织的经验,打下了坚实的基础。

二、社会主义建设探索时期的耕地综合建设

1958 年,毛泽东同志提出提高农作物产量的"土、肥、水、种、密、保、管、工"农业"八字宪法"(见表 2-3),为当时及以后时期的农业生产指明了方向,也对农田建设产生了深远的影响。"八字宪法"较好地结合了现代农业的科学理论和中国传统的农业实践,内涵极为丰富。具体来说,包含以下八个方面的内容。

表 2-3　农业"八字宪法"

	具体内容
土	整平土地,保持水土,土壤普查(按地块制订土壤成分档案),改良土壤,因地改良、因地种植、因地施肥,拓荒扩大耕地面积,施行土地利用规划
肥	广辟肥源,测土施肥、按需施肥、科学施肥,针对土地和农作物的类别增加肥力、提高肥效
水	大办水利,建立和维护灌溉水源,兴修蓄水和灌溉工程,合理用水,逐年扩大旱能浇、涝能排的高产、稳产田面积
种	培育、繁殖、推广、普及农作物的优丰产良品种
密	合理密植,适度增加单位面积的农作物株数
保	植物保护,防治病、虫害

续表

	具体内容
管	精耕细作,加强田间管理。改进耕作方式,扩大复、套、间种、轮作面积。搞好除草、追肥、铲蹚、收获等系列环节
工	改良、创新农业生产工具。管:精耕细作,加强田间管理。改进耕作方式,扩大复、套、间种、轮作面积。搞好除草、追肥、铲蹚、收获等系列环节

资料来源:笔者整理。

1958年8月,《中共中央关于深耕和改良土壤的指示》明确提出农业增产技术措施"水肥土种密",中心是土,要将全国3.3亿亩瘠薄田地全部改完。据此,全国大范围开展治沙治碱,对全国主要的低产土壤(包括盐碱土、沼泽土、红壤、冷浸田、咸酸田等)进行综合治理。

然而,在"大跃进"和人民公社化运动中,政策的执行出现了较大偏差,并没有收获预期的成果。严重脱离实际,追求高速度,急于求成,高指标、瞎指挥和浮夸风泛滥"平均主义"和"一平二调"等错误在一些地方也造成了不良影响。1958年8月29日,中共中央发布了《关于在农村建立人民公社的决议》,指出在经济上、政治上、思想上的资本主义改造完成之后,人民公社发展了空前规模的农田基本建设。1959年,我国农田水利建设继续快速发展,同年10月24日,中共中央、国务院发布了《关于今冬明春继续开展大规模兴修水利和积肥运动的指示》,明确指出水利仍然是目前发展农业生产的根本问题,要求在今后几个冬春,再搞几次水利建设高潮,力争在较短时间内实现水利化。这一指示下达后,广大群众大搞水利、改造自然的信心和勇气十分高涨。

1958年秋季,齐河县全县实现了公社化。农村人民公社成立后,缺乏管理经验,实行一级核算,打乱了经济体制,违背了经济规律。公社的编制、行动实行军事化,公社设团部,大队设营部,生产队设连部。劳力统一调配,大兵团作战,强调组织军事化,行动战斗化,生产专业化,生活集体食堂化。秋种时,县委召开万人誓师大会,会上提出1959年要实现小麦亩产1000千克,各社、队口号则逐级上升,有的竟喊到亩产5000千克甚至数万千克,在这一年里由于脱离实际的盲目蛮干,疲于拼命,大搞人海战术,结果劳民伤财,使农业生产遭受挫折。

总的来说,全国人民意气风发,艰苦奋斗,要为民族振兴和社会主义事业发展有所作为,这种精神是可贵的,所付出的辛勤劳动也取得了一定成果。这一时期的耕地建设有得有失,成果巨大,代价同样巨大。水利部农村水利司编著的《新中国农田水利史略》,对该时期水利建设的成绩给予充分肯定。它指出,"大跃进"运动中的农田水利建设,在连续两年的冬春修中,都是出动了上亿的劳动力,不论从开工处数之多和完成土石方数量之巨,都是空前未有的。全国很多大型水库和大型灌区都是在这一时期开工兴建的,至于中小型工程更是遍地开花,数不胜数。这些工程除其中一小部分由于质量太差或缺乏水源等原因被废弃外,大部分经过以后几年的整修加固续建配套,可以陆续发挥作用。据1962年经过核实后的数字,这一时期实际增加灌溉面积5538万亩。同时,经过这次全民性的水利运动,对进一步摸清水土资源、掌握治水规律和培养锻炼水利队伍都起到很大作用。《水利辉煌50年》也认为,此时期水利工作提出了以小型工程为主、以蓄水为主、以社队自办为主的"三主方针",兴起了大规模的兴修水利群众运动,在许多地方取得了相当成绩,建设了大量工程。按照1961年的统计,"大跃进"期间,修建了 900 多座大中型水库,灌溉面积从 4 亿亩增加到 5 亿亩,对当时的防洪抗旱排涝起到很大作用。

总结这一历史阶段的经验与教训,关键在于坚持群众路线和实事求是原则。经验方面,充分调动群众的主体性和力量是耕地建设取得成效的核心。教训则主要包括:一是建设须立足实际,避免急躁冒进和"一口吃成胖子"的幻想;二是要防止急于求成,特别是大中型工程不应摊子过大、战线过长,以免过多占用资源,影响农业生产;三是群众运动必须坚持党的领导,杜绝放任个别行为;四是决策须基于充分的调查研究和科学论证,避免脱离实际的高指标带来损失;五是坚持谁受益谁负担、等价交换和多劳多得等原则,妥善安置受影响群众,以保障长远效益和群众积极性。

大寨与林县人民的自力更生和艰苦奋斗精神是中国社会主义建设的典范。山西大寨地处太行山区,自然条件恶劣。1953 年起,在党支部领导下,大寨村民用五年改造沟壑为良田,粮食产量远超县均水平。大寨精神受到毛泽东同志的肯定,农业部誉其为"全国农业战线的一面红旗"。1964 年,周恩来同志提出"农业学大寨"号召,"农业学大寨"运动在全国推广,齐河县也积极响应,着手改善艰苦的农业条件。

在 1965 年前,齐河县面临严重的自然条件限制,耕地存在旱、涝、碱等问题,常年易涝的土地占比达到 30%。特别是在 1960—1961 年,极端天气造成小麦单产极低,粮食安全状况堪忧。在此背景下,齐河县首先实施了"稻田、条田、台田"的样板田建设,并通过改善土壤和灌溉条件显著提升了农作物的产量。接下来,在"根据地"建设过程中,齐河县选取部分土质较好的土地实现水利化,形成了初步的农业高产稳产区域,并逐步扩大范围。1970 年,齐河县开始全面推广"三成四结合"的综合治理模式,通过引入黄河水和建设排灌系统,提高了农田的生产能力。水利建设也是"农业学大寨"运动的重点内容,齐河县投入了大量人力以完成灌溉工程,使灌溉面积从 7 万亩猛增至 32 万亩,极大地改善了农业生产条件。到 1977 年,齐河县的机井数量达 6500 眼,高产稳产田面积达到 37 万亩,为农业可持续发展奠定了坚实的基础。

总体来说,齐河县在社会主义革命和建设时期,整平土地、改良土壤、广辟肥源、兴修水利、防治病、改进技术都取得了显著成果。在新中国成立以前,齐河县的农业生产多以家庭为单位,农业生产只为满足个人温饱,自耕自作,水利设施零散且不成体系、抗灾能力弱。而兴修水利、改良耕地则需要一定规模的劳动力参与,需要一定的组织成本。新中国成立后,中国共产党充分发挥了制度优势,将耕地建设与集体化的组织模式结合起来,充分整合当时有限的资源,实现农业的快速发展。

一是充分发挥集体的组织作用,生产队是农业生产经营活动的最基层组织单位,直接组织动员本生产队的农民参与农业生产经营活动及乡村社会的其他各项事务,在高度同质性的农民统一安排下,以共同出工、协同劳动的方式从事耕地建设,在此基础上促成了农田水利工程设施专管、群管相结合的双层管护机制,乡村基层组织动员农民在冬春农闲季节对农田水利工程设施进行维修的管护机制,促成了农田水利工程设施的建设管理一体化、常态化,有效保障了农田水利工程设施灌溉作用的充分发挥。二是充分发挥群众的主体性,本着谁受益谁负担的原则,农民无偿出工出力,积极发挥主体自觉,极大地节约了建设资金,这种民办公助的建设和供给方式在合作化和集体化时期将人民群众动员起来,在很大程度上保障了耕地建设的稳定发展。三是从群众中来到群众中去的工作方法。集体化时期的耕地建设和农业生产在技术的推广上均以通俗易懂、生动形象的方式向群众推广。同时充分收集群众的土经验、土办法，将先进典型进一步推广，形成了积极的循环。

在党的领导下，齐河县农民改变了农村贫穷、饥饿、落后的面貌。在耕地、水利和农业技术方面取得的成就也为齐河县粮食产能的发展奠定了坚实的基础，提供了物质、技术与观念上的支持。

第三节　现代化进程中的耕地建设新篇章

新中国成立后，根据"以农业为基础，以工业为主导"的国民经济发展总方针，各级政府在基本建设计划中安排了农业投入，财政预算内也分配了支农资金，同时银行和农村信用社还提供了大量农业贷款以支持农业生产。尤其是在20世纪80年代后，国家和地方政府相继出台了一系列惠农政策，规划了农业项目，并投入了大量资金和农用物资，用于农业基础设施建设、改善农业生产条件、推动科学研究和新技术的应用。

这一时期，齐河县的耕地建设模式也发生了变化，从社会主义革命和建设依托集体化制度的群众动员模式转向了项目推动的方式。所谓的"项目"，是在限定时间和限定资源的约束条件下，利用特定的组织形式完成具有明确预期目标的任务。因此，项目不再局限于常规组织结构，而是采取临时性的组织形式，重新组合各种要素。这一时期,齐河县在耕地建设方面的项目包括了以世界银行贷款项目为代表的农业引用外资项目以及国家、省、市各级农业开发项目。这些项目强调专业化和技术化,整合资金、技术等资源配置,为提高农田产能打下了更为坚实的基础。

一、项目带动下的耕地建设实践探索

耕地建设实践探索的推进,往往需要以各类项目为牵引和载体。这是因为,项目作为具体的实践平台,能够将抽象的政策目标转化为可操作的工作计划,并通过项目实施过程中的具体操作,检验政策的可行性、有效性和可持续性。同时,项目往往涉及跨区域、跨部门的合作,能够整合各方资源,形成合力,推动耕地保护和合理利用的工作深入开展。通过项目带动,既能有效推进耕地建设实践探索,又能在实践中不断总结经验教训,优化工作机制,为今后的工作提供有益的借鉴和参考。

(一)农业引用外资项目

1. 世行一期贷款项目

1982 年,开始实施的华北平原农业项目是齐河县农业发展历史上第一个利用世界银行(以下简称世行)贷款的农业综合开发项目,也称为世行一期贷款项目。1981 年 3 月,山东省人民政府建议国家农牧渔业部将齐河县列入华北平原农业项目区,齐河县与县委、县政府研究确定了项目区的位置、范围、初步治理方案,设立临时改碱办公室。1981 年 5 月 29 日至 30 日,世界银行考察团、农牧渔业部农业工程研究设计院时任院长到齐河县对治理区进行评估,农牧渔业部正式将齐河县列入华北平原农业项目区。同年

10 月,世界银行考察组对齐河县项目区进行正式评估。1982 年 6 月 15 日,世界银行董事会予以批准。1982 年 6 月 23 日,项目宣告确立,齐河县正式列入华北平原农业县项目实验区。按照协议规定,齐河县向世界银行国际开发协会申请贷款 945 万个特别提款权,折合 1050 万美元,1785 万元人民币,1 美元 = 1.7 元人民币),内、外资按照 35∶65 的比例进行配套,国内(省、县、乡、村)配套资金 3315 万元,总投资 5100 万元。项目涉及刘桥、华店、潘店、焦庙、胡官屯、祝阿、晏城等乡镇,治理面积 36135 万平方米。项目建设重点为治水改土,内容包括水利工程、种子工程、土肥工程、林业工程、农电工程等。

该农业引用外资项目共投入资金 7373 万元。1982—1992 年,该项目共开挖疏浚小支流河道 7 条,干沟 320 条,农沟 1343 条,累计完成土方 2989 万立方米;平整土地 16000 万平方米,兴建各种建筑物 2326 座,新打机井 1640 眼,栽植片林 800 万平方米,新建林网 691 千米,补植林网 299 千米,增加供电村庄 218 个,改造盐碱地 13394 万平方米,开垦利用荒地 1966.8 万平方米,农田灌溉面积扩大了 10560.5 万平方米,5 年一遇除涝面积扩大了 7333.7 万平方米,林木覆盖率由 6.1% 增加到 16.8%[1],项目区农民人均年纯收入由 277 元增加到 728 元,项目的益本比为 1.89,内部报酬率为 38.2%,超过世界银行预测的内部报酬率 30% 的指标。其中贾市、小周两乡的积水洼地,通过挖鱼池抬田改造,建成下鱼上粮立体生态农业样板区。

这个项目对齐河县的意义重大,主要体现在以下几个方面。

---

① 山东省齐河县地方史志编纂委员会:《齐河县志(1996—2008)》,中华书局 2010 年版。

一是农业生产条件改善。通过农田水利配套、植树造林、架设农村电网、购置农业机械等措施,项目区的农业生产条件得到显著改善。农田保证灌溉面积由 1982 年的 21334.4 万平方米增加到 1992 年的 31894.9 万平方米,农田灌溉率达 96%。土地平整、灌溉面积扩大、农田生态环境开始进入良性循环,这些都为农业生产提供了更加有利的条件。

二是农产品产量和收入提高。项目实施后,农作物产量和农业收入都得到了显著提高。农业总收入增长了 2.8 倍,平均增长速度为 9%。项目区各年度农业纯收入 10 年累计增加 74224 万元。这为当地农民提供了更好的经济来源。

三是抗灾能力增强。项目改善了农田灌溉条件,提高了农田的抗旱和排涝能力。除涝面积扩大到 1266.7 万平方米,缓排面积减少到 5900 万平方米。除涝面积扩大,缓排面积减少,使项目区更具备抵御自然灾害的能力。

四是生态环境改善。通过植树造林等措施,项目区的林木覆盖率从 6.1% 增加到 16.8%,土壤肥力得到提升,土壤有机质、速效氮、速效磷、速效钾等指标都有显著增长,土壤中氮、磷比例趋于协调。1992 年平均地下水位下降到 1.99 米,比 1980 年同期地下水埋深 1.7 米,下降了 0.29 米。地下水矿化度由 1980 年的 1.32 克/升下降到 1.19 克/升。土壤肥力提升,1992 年与 1982 年相比,土壤有机质增长 35%,速效氮增长 50.97%,速效磷增长 130.16%,速效钾增长 70%,土壤中氮、磷比例由 8.6∶1 缩小到 5∶1,基本趋于协调。① 林木覆盖率由 1982 年的 6.1% 提高到

---

① 山东省齐河县地方史志编纂委员会:《齐河县志(1996—2008)》,中华书局 2010 年版。

1992 年的 16.8%。这些改善对保护生态环境和提高土地资源的可持续利用至关重要。

五是农村基础设施建设。该项目还促进了农村基础设施建设,如电网基本形成,项目区 86%的村庄照明、农产品加工全部用上了电。农产品加工机械化程度提高,投资购置了大量的大中小型拖拉机、农用汽车、柴油机、电动机、挖掘机,实现耕、播、运、脱半机械化和农田灌溉、农产品加工机械化。这些都为农业机械化发展提供了有力支撑。

综上所述,该项目在提高农业生产力、改善农民生活水平、保护生态环境等方面都取得了显著成效,也为这一阶段的耕地建设打下了基础,积累了经验。

2. 世行二期贷款项目

1998 年始,实施国家世界银行贷款加强灌溉农业项目,也称为世行二期贷款项目。该项目涉及马集、赵官、仁里集、胡官屯 4 个乡镇,8.1 万农业人口,9333.8 万平方米土地。[①] 截至 2002 年,实际完成总投资 4022 万元,其中世行贷款 1236.8 万元、省财政配套资金 917 万元、市财政配套资金 127.8 万元、县财政配套资金 279.9 万元、农民和单位自筹资金 1460.5 万元。

水利方面,开挖沟渠 285.5 万立方米,渠道衬砌 17.2 万平方米,建生产桥 340 座,建水闸 147 座,提高了灌溉效率,确保了农田的充足灌溉水源,有助于农作物的生长和产量提高。打机井 359 眼,埋设 PVC 地下暗管 168 千米。发展节水灌溉面积 2000.1 万平方米。购置农用变压器 1 台,修筑田间生产路 264 千米,购置水

---

① 山东省齐河县地方史志编纂委员会:《齐河县志(1996—2008)》,中华书局 2010 年版。

利运行维护设备6台(套)。这些措施也为农田提供了多样化的灌溉方式,增加了农田的灵活性和稳定性,降低了水资源浪费。

农业方面,一是通过土地平整、深耕、施肥等措施,改善了土壤条件,提高了土地利用率和农作物的产量。平整土地4090万平方米、深耕土地8266万平方米、平衡施肥1522万平方米。二是建设种子加工车间、仓库等设施,提升了种子质量和种植效率,有利于农作物品质的提高和市场竞争力的增强。县种子公司修建加工车间260平方米、修建种子仓库520平方米、修建晒场2000平方米,购置种子精选单机2台、检验仪器5台(件)。三是农机购置和推广,提高了农业生产的机械化水平,减轻了农民的劳动强度,提高了生产效率。县农机推广中心购置仪器45台(套)。乡镇农技推广服务站修建门市部、实(化)验室、仓库共1664平方米,修建晒场2907平方米,购置仪器设备42台(件)。乡镇农机站购置50马力轮式拖拉机3台、联合收割机2台、秸秆还田机3台,农机站站房改造412平方米。四是林业方面,建设防护林带,有效防止了水土流失,改善了生态环境,提高了土地的可持续利用性。建防护林468万平方米,农田防护林已经形成沟渠路旁树成行。在干、支、沟、渠(带路)形成间距千米左右的宽幅林带,在斗、农形成间距200—500米的窄幅林带,在河流和大干渠全部营造防护林,林木覆盖率由17%提高到23%。增加了林木覆盖率,有利于提高空气质量、调节气候、保护生物多样性等方面的生态效益。

经过改造治理,粮食666.7平方米产628千克,比开发前增产150千克;棉花666.7平方米产58千克,比开发前增产13千克;油料作物666.7平方米产195千克,比开发前增产28千克;蔬菜666.7平方米产1670千克,比开发前增产170千克。项目区增加产值 3513.3 万元,农民人均增加纯收入 1200 元。

3. 世行三期贷款项目

2006—2009 年,继续实施世界银行贷款加强灌溉农业项目,称为世行三期贷款项目。项目区涉及华店、刘桥两乡的 21 个行政村,农业人口 1.02 万人,土地面积 1764 万平方米。截至 2008 年,完成投资 1202.2 万元,其中:世行贷款 513.7 万元,省财政配套资金 234.6 万元,市财政配套资金 47.2 万元,县财政配套资金 94.3 万元,乡镇自筹资金 330.4 万元。

水利方面,开挖疏浚沟渠 47 千米;桥、涵、跌水等水利建筑物 110 座;建机电排灌站 7 座;打机井 122 眼,更新机井设备 32 台(套);修生产路 40 千米。安装 PVC 管道 156 千米,可灌溉 800.04 万平方米。实现项目区沟、渠、路、林、桥、涵、闸、井、泵、机、电、管全面配套,项目区灌溉排涝保证率达 90% 以上。

农田建设方面,改良土壤 4035 万平方米,平整土地 513 万平方米,深翻深松土地 580 万平方米,平衡施肥 1225 万平方米,秸秆还田 233 平方米。组建用水者协会 2 个,优势农产品示范建筑物 452 平方米;购置量水设备、化验等仪器设备 103 台(件)等。

项目效益情况,项目区 1764 万平方米中低产田经过综合开发后,实现沟、渠、路、林、桥、涵、闸、井、泵、机、电、管全面配套,灌溉排涝保证率达 90% 以上,每 666.7 平方米农田浇一遍水可节水 35 立方。增加粮食 1510 吨、棉花 111 吨、油料 91 吨、蔬菜 4884 吨,农民人均纯收入增加 237 元,灌溉排涝保证率达 90% 以上。建农田防护林 73 万平方米,植树 8 万株。项目区农田全部实现林网化,林木覆盖率达 20%,比项目实施前提高 2 个百分点。

(二)黄淮海平原农业开发项目

齐河县于 1988 年开始分三期实施国家黄淮海平原农业开发项目。第一期(1988—1990 年)涉及表白寺、安头、焦斌屯、小周 4 个乡镇;第二期(1991—1994 年)涉及表白寺、安头、焦斌屯、小周、贾市 5 个乡镇:第三期(1995—1997 年)涉及祝阿、贾市、晏城、焦斌屯 4 个乡镇。截至 1997 年,这一项目累计完成投资 10843.77 万元,其中中央省地拨款 4659.7 万元、县乡村自筹 6184.07 万元。

这一项目主要包括荒地开发利用、中低产田改造和水利建设三个方面。

在荒地开发利用上,该项目开发利用荒地 23534.51 万平方米。通过引黄淤改、挖池拾田、平丘造地等措施,有效地利用了大面积的荒地,不仅增加了粮食和经济作物的产量,还通过种植林木和养殖鱼类,实现了生态与经济效益的双赢。1988—1997 年,开发粮田 12867.31 万平方米,新增粮食 8832.5 万千克,新增皮棉 2453 万千克:造林 9407.14 万平方米,植树 91.6 万株;[1]新开发养鱼和种植藕、苇、蒲水面 1260.06 万平方米。其中,黄河北展区开发利用 233.35 万平方米。以小周乡七里门村为样板,开发 6 万平方米台面、2.67 万平方米水面。采用池中养鱼、台面种粮、边坡植桑、沟渠路旁植树立体种养,创立了挖池造田、上粮下渔、渔农并举的开发模式。1990 年,台面平均每 666.7 平方米产小麦 300 千克、大豆 150 千克,水面平均每 666.7 平方米产鱼 315 千克。

改造中低产田对提高粮食产量和农民收入至关重要。1988—

---

① 山东省齐河县地方史志编纂委员会:《齐河县志(1996—2008)》,中华书局 2010 年版。

1997 年,项目共改造中低产田 32934.98 万平方米,其中 20001 万平方米中产田改造为高产田,每 666.7 平方米产粮食由 600 千克提高到 750 千克;12933.98 万平方米低产田改造为中产田,每 666.7 平方米产粮食由 400 千克提高到 500 千克[1],有效地提升了农业生产水平和土地利用效率。

在水利建设方面,1988—1997 年,该项目共挖沟修渠 587 千米,修建桥涵闸 1364 座,打机井 317 眼,完成土石方 1895 万立方米,新增灌溉面积 12933.98 万平方米,改善灌溉面积 20001 万平方米,增加除涝面积 13334 万平方米,改善除涝面积 19600.98 万平方米。[2] 这些措施增加了灌溉和排水设施的完善程度,不仅扩大了灌溉面积,还改善了除涝条件,有力地保障了农田的正常生产。

综合来看,这个项目不仅在耕地建设方面取得了显著成效,也为当地农业生产的可持续发展奠定了坚实基础。

(三)商品粮生产基地建设项目

1996 年 8 月,齐河县被列入德州市国家大型商品粮生产基地项目区,以农田水利、良种繁育、农业机械化为主要内容,进行开发建设。项目区涉及晏城、焦庙、华店、胡官屯 4 个乡镇,487 个行政村,总人口 23.9 万人,耕地 30001.5 万平方米。[3] 京福高速公路齐河段沿线两侧 1000 米范围列为重点建设区,涉及晏城、祝阿两镇,耕地 4740.24 万平方米。截至 2000 年,完成投资 2146.24 万元,

---

① 山东省齐河县地方史志编纂委员会:《齐河县志(1996—2008)》,中华书局 2010 年版。
② 山东省齐河县地方史志编纂委员会:《齐河县志(1996—2008)》,中华书局 2010 年版。
③ 山东省齐河县地方史志编纂委员会:《齐河县志(1996—2008)》,中华书局 2010 年版。

其中国家省市专项资金707.3万元、县配套资金129万元。

该项目提高了土地利用效率和农作物的产量与品质。项目共改造中低产田18867.61万平方米,其中改造中产田13334万平方米、改造低产田5533.61万平方米。整个项目区有效灌溉面积由1996年的19334.3万平方米增加到2000年的24001.2万平方米。该项目打机井792眼,机泵配套671套,建井房792座,修复机井81眼,维修机井泵房35座。开挖整治支、斗、农沟数量分别为58条、262条、770条,整筑道路965条,总计完成土石方909.5万立方米。建生产桥(涵)建筑物288座,砌石工程量4526.46立方米,砼248.25立方米。建混凝土预制暗管灌溉666.7万平方米;购置75型喷灌机组2台,Ⅱ型小型喷灌机组1台,移动式喷灌面积达333.35万平方米;铺设PVC硬塑管60005米,建成暗管灌溉666.7万平方米。建成"U"形预制块防渗渠道8000米。通过改造中低产田、整治沟渠、建设机井等措施,提高了土地的灌溉效率和水资源利用率,提高粮食产量,使粮食产量由666.7平方米产365千克增加到400千克,粮食总产由17.2万吨增加到24.5万吨。[1]

该项目也改善了生态环境。项目进行了大规模的林木种植,包括在京福高速公路沿线两侧植树,共计16万株。这些树木的种植不仅美化了环境,还改善了土地的生态环境,有助于减少土壤侵蚀、保护水源地和生物多样性。

(四)农业综合开发项目

2003年开始,齐河县实施农业综合开发,涉及华店、潘店、大

---

[1] 山东省齐河县地方史志编纂委员会:《齐河县志(1996—2008)》,中华书局2010年版。

黄 3 个乡镇。截至 2005 年,实际投资 983 万元,其中国家和省拨款 644 万元,市配套资金 35 万元,县配套资金 73 万元,县以下自筹资金及劳务折资 231 万元。

该项目主要涉及水利、耕地建设和林业等方面。水利方面,开挖疏浚沟渠 79 千米,动土 76 万立方米,新建桥涵 164 座,新打机井 186 眼,衬砌防渗渠道 6 千米,埋设 PVC 灌溉管道 98.8 千米。耕地建设方面,改造中低产田 19334.3 万平方米。机耕与配方施肥各 666.7 万平方米,改良土壤 1266.73 万平方米。修筑机耕生产路 42 千米。建良种基地 126.67 万平方米,无籽西瓜生产基地 66.67 万平方米,脱毒马铃薯生产基地 133.34 万平方米,优质蔬菜生产基地 153.34 万平方米,优质棉花生产基地 146.67 万平方米,优质小麦生产基地 766.71 万平方米。林业方面,建农田防护林 116 万平方米(折实面积),植树 21.6 万株。

在经济效益上,粮食比开发前总产增加 254 万千克,棉花总产增加 353 万千克,蔬菜总产增加 858 万千克,增加农产品生产能力达 1115.53 万千克,增加种植业总产值 992 万元,项目区农民年人均增加纯收入 467 元。增加有效灌溉面积 780.04 万平方米,改善灌溉面积 1153.39 万平方米,发展节水灌溉 1226.73 万平方米,扩大除涝面积 966.72 万平方米,改善除涝面积 966.72 万平方米。项目区林木覆盖率由开发前的 18% 提高到 25%。

(五)测土配方施肥项目

测土配方施肥项目由财政部和农业部共同下达,实施年限为 2007 年至 2010 年,共持续 4 年。项目资金分别为:2007 年 100 万元,2008 年 50 万元,2009 年 40 万元,2010 年 40 万元,主要用于土肥化验室建设、仪器设备购置、野外调查、采样测试、田间试验、配方制定、数据库建立、地力评价和组织管理等。在此期间,共采集土样 6619 个,化验项目包括有机质、大量元素、微量元素、中量元素、土壤容重和 pH 值等,共进行了 70000 多项次的测试。此外,完成了 6664 份农户基本情况调查表和 13155 份农户施肥情况调查表。通过广泛深入的农户调查,全面掌握了耕地立地条件、土壤理化性状与施肥管理水平。

项目还布置了 3414 个试验和肥效对比试验 62 处,承担了 4 个农业部硫单因素试验。根据土壤化验结果和试验数据,每年结合当年土壤肥力状况,制订了适合不同土壤类型和产量水平的小麦施肥配方 5 个,玉米施肥配方 6 个,累计制订了 6100 余个配方施肥方案。此外,初步建立了小麦、玉米、棉花等主要农作物的施肥指标体系。

在技术培训方面,共举办各种类型的培训班 70 余场,累计培训了 2 万人次,并发放了 15.5 万份施肥建议卡。累计推广配方施肥面积达到 288.9 万亩,其中施用配方肥的面积达到 105 万亩。这些举措有助于提高农作物的产量和质量,为农业生产提供了科学的指导和支持。

测土配方施肥项目实施 4 年来,共取得主要技术成果 5 项。

一是完成耕地地力等级评价工作。耕地地力等级评价,就是通过采取现代信息技术,调查和分析耕地的利用现状、农业生产基础条件、耕地生产能力、耕地土壤肥力现状、耕地土壤生产障碍因素等,并对耕地质量进行综合评价。该项工作以山东农业大学资源与环境学院等单位为技术依托,充分利用测土配方施肥项目的野外调查和分析化验数据,结合第二次土壤普查、土地利用现状调查等成果资料,按照农业部耕地质量调查和评价的规程及相关标准,结合平原地区的实际情况,选取了与农业生产密切关联的 11个因素建立评价指标体系,经过有关专家的综合分析,将县内 126万亩耕地划分为 6 个等级,并详细列出各个等级的分布情况。

二是查清了耕地土壤肥力状况。共有机均匀选择样点 1611个,通过对样品的化验数据分析,基本摸清了县内土壤养分状况,包括有机质、氮、磷、钾等元素含量,为科学施肥提供了依据。

三是撰写了 6 份成果报告:《齐河县耕地地力评价工作报告》《齐河县耕地地力评价技术报告》《齐河县耕地改良利用分区专题研究》《耕地土壤改良与标准粮田建设专题研究》《土壤有机质提升与耕地地力建设专题研究》《引黄灌溉与耕地土壤培肥专题研究》。这些报告涵盖了耕地地力评价、改良利用分区、土壤改良与标准粮田建设等专题,总结了项目的研究成果和建议。

四是初步建立了齐河县耕地资源管理信息系统。在已形成的大量数字化耕地地力评价系统的基础上,在山东农业大学资源与环境学院和天地亚太国土遥感公司的全力帮助下,完成了齐河县耕地资源管理信息软件管理系统建设,为耕地管理提供了技术支持。

五是绘制了 24 份土壤图件。根据第二次土壤普查资料、近年的土地水文等资料以及本次地力评价工作所取得的所有数据绘制,为土地利用规划和管理提供了参考。

该项目对科学施肥、增产增收产生了显著的积极影响。通过对 100 户农户进行 4 年的测土配方施肥效果跟踪调查,结果显示,小麦测土配方施肥地块比习惯施肥的地块平均亩增产 15 千克,增幅 3%;测土配方施肥比习惯施肥亩节肥 2.6(纯量)千克,平均每亩增加效益共计 37.14 元。夏玉米亩增产 16 千克,增幅 2.67%;测土配方施肥比习惯施肥亩节肥 2.26(纯量)千克,平均每亩增加效益共计 40.32 元。棉花亩增产皮棉 1.2 千克,增幅 1.2%;测土配方施肥比习惯施肥亩节肥 1.87(纯量)千克,平均每亩增加效益共计 42.85 元。项目实施以来累计推广配方施肥面积 288.9 万亩,总增效益 1.11 亿元。其中小麦测土配方施肥面积累计 171 万亩,共增产小麦 2565 万千克,增加效益 6350 万元;玉米测土配方施肥面积累计 114 万亩,共增产玉米 1824 万千克,增加效益 4596 万元;棉花测土配方施肥面积累计 3.9 万亩,共增产 4.68 万千克,增加效益 167 万元。

测土配方施肥项目的实施也使农民的科学施肥意识显著提高,"科学、经济、环保"施肥理念逐步深入。从"氮肥依赖式"种植发展为"氮、磷、钾配合,用养结合"种植,化肥施用量明显减少,土壤物理性状得到极大改善。2007 年亩均化肥施用量为 111 千克,其中氮 42.74 千克、磷 10.43 千克、钾 2.6 千克;2010 年亩均化肥施用量为 106 千克,其中氮 35.12 千克、磷 14.87 千克、钾 6.04 千克。[1] 通过项目的实施,建立了小麦、玉米科学施肥指标体系和县域施肥专家系统。

(六)现代农业生产发展资金粮食产业项目

2008 年,山东省财政厅、山东省农业厅印发了《关于实施现代农业生产发展资金粮食产业项目的指导意见》,齐河县作为德州市首批两个项目县之一,于 2008 年秋种开始,连续实施两个年度。

---

[1]　山东省齐河县地方史志编纂委员会:《齐河县志(1996—2008)》,中华书局 2010 年版。

现代农业生产发展资金粮食产业项目由省财政投资,共计投资990万元。其中2008—2009年度项目资金498万元,主要支出资金类别为小型农田水利设施70万元,核心示范区小麦统一供种补贴20万元,玉米统一供种补贴10万元,玉米秸秆还田补贴30万元,深耕改土补贴30万元,增施商品有机肥补贴120万元,培训费60万元,关键技术推广普及补贴19万元,试验示范基地建设14万元,农业技术推广体系建设15万元,病虫害防治体系建设110万元。2009—2010年度项目资金492万元,主要支出类别为核心示范区小麦统一供种补贴40万元;玉米秸秆还田、深耕、播后镇压补贴120万元;增施商品有机肥补贴180万元,推广配方肥补贴100万元;技术培训费30万元;技术指导补助6万元;县乡试验示范基地建设11万元;核心示范区乡镇农技推广能力建设5万元。

项目实施包括农田基础条件建设、农业技术集成推广、试验示范基地建设。

在农田基础条件建设方面,该项目在焦庙镇现代农业粮食产业项目区完成了新建机井5眼,开挖沟渠4条,土方42960立方米;新建桥5座,维修桥9座,整平、压实生产路土方2325立方米。项目推行深耕改土和秸秆还田,累计深耕改土18.1万亩,玉米秸秆还田面积29.3万亩。播后镇压26万亩,占整个项目区的87%。① 核心示范区玉米秸秆直接还田、深耕比例、配方施肥面积、商品有机肥施用面积、小麦统一供种、统一机播面积、播后镇压面积均达到了100%。

该项目的农业技术集成推广在齐河县也取得了显著成效。推

---

① 山东省齐河县地方史志编纂委员会:《齐河县志(1996—2008)》,中华书局2010年版。

广主导品种方面,项目区全面实行了小麦和玉米的良种补贴政策。小麦良种补贴标准为 10 元/亩,玉米良种补贴则采用"涉农一卡通"方式发放,补贴标准同样为 10 元/亩。核心示范区更是实行了统一供种,小麦品种为"济麦 22",玉米品种为"郑单 958"和"浚单 20",并且每亩增加了相应的补贴。农业技术培训与指导方面,通过科学选聘技术指导员和科技示范户,加强了基层农技队伍建设,共选择了 50 名技术指导员和 2720 户科技示范户。此举不仅提高了技术服务水平,还通过设立专门办公室和规范化管理,确保了工作的高效性和可持续性。同时成立了专家讲师团,并举办了 6 期集中培训班,培训了 158 人次的县、乡技术人员和 3650 人次的科技示范户。通过这些培训活动,不仅提高了技术人员和农民的技术水平,还解决了他们在生产中遇到的难题。在重点核心示范区的乡镇农技推广站建设方面,通过省统一招标配发了必要的仪器设备,如车辆、数码相机、电脑、投影仪等,为农技服务提供了必要的硬件支持。例如,在病虫害防治体系方面,不仅建立了专业化防治队伍,还特别聘请专业人士进行培训,提高了队伍的专业水平。同时,配发了统一采购的植保器械和药剂,为防治工作提供了必要的物资保障。在两核心示范区分别建立 2 个病虫害基层测报点,配备了专门的虫情测报员,加强病虫发生的预测预报工作,并及时发布病虫情报,根据病虫发生情况及时组织开展统防统治工作,累计开展统防 7 次,项目区统防统治面积达 10 万亩,其中核心示范区统防统治面积达 100%。

在试验示范基地建设方面,本着交通方便、土壤肥力高、排灌条件好、便于观摩的原则,该项目在赵官镇银杏村、焦庙镇周庄村建立了县级示范基地,面积各 50 亩。基地内设置了高产攻关田、品种展示田和小麦不同播量试验田。小麦采用了"济麦22"品种，玉米则选用了"超试一号"。实行了技术人员包村包地块的责任制，着重于"带着农民干，干给农民看"的理念。小麦生产注重玉米秸秆还田、深耕改土、配方施肥、增施商品有机肥、统一良种供应、宽幅半精播、病虫害防治等"八统一"措施。玉米生产则重点推广了"一增四改"高产栽培技术，并实施了"六统一"措施。根据产量目标，加大了配方肥和商品有机肥的投入。高产攻关田的小麦亩产达到了701千克，而玉米的亩产则达到了1011.3千克。品种展示田分别展示了10个小麦品种和5个玉米品种。

经济效益方面，核心区小麦和玉米单产均有显著提高。2009年，核心区小麦平均单产为615.6千克，比全县平均增加77.4千克，增幅达到14.38%；玉米平均单产为614千克，比全县平均增加34千克，增幅为5.85%。此外，推广配方施肥和半精播技术，降低了化肥和种子投入，核心区亩均节约成本220元，增加收入330元，每亩项目区节约成本和增加效益超过85元，年增经济效益超过2550万元。示范基地的建设也提高了农民的科技种田水平，有效促进了粮食生产的发展。

社会和生态效益方面，优选了100名技术指导员和科技带头户，形成了县、乡镇、村三级农技推广体系。建立了30支规范的病虫害专业化防治队伍，其中每个核心示范区建立了5支，加强了农技服务和病虫害统防能力。推广玉米秸秆还田解决了秸秆焚烧堆积问题；推广配方肥和有机肥减少了化肥投入，提升了土壤有机质含量，同时减少了对环境的污染。这些举措受到了广大农民的好评，促进了项目社会化服务体系建设，增强了基层农技社会化服务能力。

(七)粮食生产高产创建活动

2008年秋季,齐河县启动了粮食高产创建活动,焦庙镇和赵官镇分别建立了两个示范方,其中焦庙镇占1万亩,涉及12个村1368个农户,赵官镇占1万亩,涉及19个村2062个农户。2010年秋季,齐河县被农业部确定为全国50个粮食高产创建示范县之一,启动了10万亩粮食高产创建核心区高标准粮田建设工程。一期工程涉及35个村,二期工程涉及37个村。除了核心区建设外,全县规划了50万亩示范区和辐射带动区,各乡镇均建立了万亩示范片。

项目健全领导机制、宣传引导机制和激励机制。领导机制方面,县里成立了党政一把手挂帅的高产创建工作推进委员会,定期召开会议,研究解决工作中出现的困难和问题。制定印发了粮食高产创建实施方案,对高产创建的任务目标、工作措施和责任落实等作出了明确规定。各乡镇也成立了党委、政府主要负责同志任组长的高产创建领导小组,具体抓好本乡镇高产创建各项工作措施的落实。设立了万亩县长指挥田和千亩乡镇长指挥田,县、乡、村层层签订高产创建责任书,落实高产创建责任制。宣传引导机制方面,利用电视、报刊、举办培训班、印发明白纸等方式进行宣传发动,使农民群众了解实施粮食高产创建的意义、方式方法和优惠政策。积极组织各乡镇农技人员、产粮大村干部群众和产粮大户到高产创建核心区参观学习,增强参与高产创建的积极性和主动性。激励机制方面,把高产创建纳入全县科学发展综合考评体系,制定了整建制高产创建考核办法。县财政拿出500万元专项资金,对高产创建组织有力、成效显著的乡镇进行表彰奖励,对工作不力、落实不到位的进行通报批评。

项目依托科学规划。2010 年，专门邀请了山东农业大学专家组和本县农技人员一起对全县粮田进行了深入调研，认真研究，科学规划。在整体布局上，全县 110 万亩粮田规划了高产创建核心区 10 万亩，示范区 50 万亩，带动全县百万亩粮田实施整体高产创建。在 10 万亩核心区规划了 5 个高产示范片，在 50 万亩示范区规划了 15 个高产示范片。按照农业部高产创建要求，每个示范片都设立了 1 处 10 亩高产攻关田、1 处 100 亩高产示范方和 1 处 50 亩以上的新品种新技术试验展示田。在核心区和示范区地域选择上，自 2008 年开始开展粮食高产创建起，始终坚持三个原则：交通便利、粮食生产基础条件好，种植面积大；单产、总产水平较高且成方连片种植；村班子健全、工作能力强、群众基础好。

在工程建设方面，重点实施了 10 万亩高产创建核心区基础设施工程建设，10 万亩高产创建核心区基础设施工程总投资 8500 多万元，分两期进行。一期工程 5 万亩，投资 4300 万元，其中整合上级项目资金 1300 万元，县财政投入 3000 万元，累计疏挖主次干沟 100 千米、抬田沟 150 千米，维修主次干路 76 千米，修建各类桥涵 500 余座，新打机井及配套近千眼，建设林网 80 千米，2010 年 5 月完工。二期投资 4200 多万元，疏挖主次干沟 70 千米、抬田沟 140 千米，新建、硬化道路 50 千米，修建各类桥涵 300 座，新打机井及配套 800 多眼，植造林网 60 千米。2011 年 9 月全部完工。实现"沟渠路林相连，桥涵闸井配套，旱能浇、涝能排"，着力打造全国连片面积最大的高产稳产粮田。

全县资源整合，投入加大，提升生产条件，中高产田面积占全县耕地面积的 98%。针对洪涝、干旱情况，开展农田水利建设。

动用 1000 多台机械,投入资金 1 亿多元,清挖、清淤总长 1100 多千米,动土 1500 多万立方米。治理骨干河道 12 条,清淤黄干渠 90 多千米,支干沟 1000 多千米,新建、改造桥涵 1305 座。新建 1600 多眼机井,总数达 1.2 万眼,农田有效灌溉率达 100%。成功争取国家小农水项目,投资 9723 万元,建设提水泵站 18 座,铺设输水管道 205 千米,改造末级渠系 60 千米,维修、新建桥涵闸近 1200 座,建成高效节水面积 4.8 万亩。争取上级土地整理改造项目 4 个,投资 3.23 亿元,整治总面积 12 万亩。实施农田林网工程建设,按照标准进行绿化,新建完善农田林网 80 多万亩,植树 500 万株,全县百万亩粮田林网率达 100%。

项目也提供了强有力的技术支持。在科技队伍建设方面,整合了栽培、植保、土肥等技术力量,成立了高产创建农技推广应用综合办公室,并在核心区每个示范片确立了技术负责人,每乡镇配备了不低于 10 人的农技推广队伍。各示范区每村选择了 10 个科技示范户,形成"县有技术专家、乡有技术骨干、村有技术标兵"的三级科技服务队伍体系。开展了农业技术培训,聘请了山农大、山东省农科院等科研院校的知名教授进行技术讲座,并成立了农业技术骨干组成的专家讲师团。开展农民培训工程,包乡镇、包村,对乡技术人员、村科技带头户、种粮大户等进行技术培训。利用印发资料、展板宣传、实物展示、科技咨询、知识竞赛等丰富多彩的形式,累计培训群众 10 万人次,发放技术明白纸 20 多万份。此外,实施了新品种、新技术的引进推广计划,覆盖了小麦、玉米等多种作物,如小麦宽幅精播、氮肥后移、测土配方施肥、小麦一喷三防、病虫害统防统治以及玉米"一增四改"和适期晚收增产技术,高产创建核心区实现了统一秸秆还田、深耕、测土配方施肥、良种供应、宽幅精量播种、氮肥后移、一喷三防、病虫害统防统治等"八统一"。与地力水平、茬口、水浇条件、农民种田习惯等协调配套,力争实现整乡镇或整村同一品种种植。在农机农艺结合方面,新增了各类农机设备,提高了机械化水平,并引进了小麦宽幅播种机械等专利产品,推广普及速度领先于周边县市区。

同时,也出台相关政策促进耕地建设。除全面落实国家粮食直补、农机补贴和农资综合补贴资金外,2009 年,县里拿出 1000万元专项资金对高产创建核心区内的小麦生产实行免费深耕、免费宽幅精播补贴,2010 年落实抗旱资金 341 万元和小麦弱苗施肥补助资金 291 万元。县农机部门投资 150 万元,扩建、新建农机校和监理站,培训农机驾驶人员 6 期、1260 人次;农机维修人员 5期、1412 人次。大力净化农资市场,对全县农资市场进行拉网式检查,共出动执法人员 200 余人次,确保农民用上放心种子、农药和化肥。严格落实耕地保护制度,确保耕地面积有增无减。定期开展基本农田质量检测活动,对基本农田环境因素、农田地力和农田污染等方面的指标进行抽样监测,并及时采取治理措施。

此外,全县的小麦和玉米平均单产也呈现出明显的增长趋势。2010 年,小麦平均单产达到 544.2 千克,比 2007 年增加了 95.2 千克,增幅达到 21.2%;而玉米平均单产达到 589.4 千克,比 2007 年增加了 124.4 千克,增幅为 26.8%。全县的粮食平均单产为 1134千克,总产量达到 25 亿斤,在山东省排名第 2、全国排名第 14,连续 8 年稳步增长。

2010 年,齐河县被确定为全国新增千亿斤粮食生产能力规划县和整建制粮食高产创建示范县。继 2004 被评为"全国粮食生产先进县"之后,2008 年再次荣获"全国粮食生产先进县",2009 年、

2010 年蝉联"全国粮食生产先进县标兵"称号。

二、耕地建设项目的系统化推进

粮食安全是国家发展的重要基石,耕地则是粮食生产的根本保障。保护好耕地对确保国家粮食安全具有基础性和战略性意义。耕地建设项目的系统化推进,源于其内在的复杂性和多元性。耕地不仅是粮食生产的物质基础,更是生态环境的重要组成部分,涉及粮食安全、生态平衡、经济发展和社会稳定等多个方面。因此,在进行耕地建设项目时,必须采取系统思维,全面考虑各种因素,确保项目的科学性和可持续性。

系统化推进意味着要在项目规划、设计、实施、管理等各个环节,建立起相互衔接、相互协调的工作机制。在规划阶段,需要综合考虑区域资源禀赋、环境承载能力、经济发展需求等因素,制定出符合当地实际的耕地保护和建设规划。在设计阶段,要充分考虑技术的先进性、适用性和经济性,确保项目方案既科学又可行。在实施阶段,要严格按照规划和设计要求,加强施工管理,确保项目质量和进度。在管理阶段,要建立健全的监督机制,及时发现和解决问题,确保项目的长期效益。

在人民公社时期,齐河县政府采取了群众动员的方式,利用本地劳动力和资源,降低了建设成本。通过组织农民自发参与农田水利建设,实现了农村基础设施从无到有的初步建设和农业生产的提升。但由于技术和资金限制,建设水平有限,农业基础设施的规模和质量也受到一定限制。

在改革开放和社会主义建设新时期,齐河县的农业发展也面临新的挑战。一方面,提高粮食产能对耕地建设,尤其是农田水利设施提出了更高要求。农民在考虑农田水利建设时,一是支渠以上的投入包括干渠、水库等蓄水设施的维护非单个农户能力所及;二是农村的水利设施绝大多数处于共用状态,单个农户拥有一条灌溉支渠的情况非常少,在产权界定不清的情况下,农户投资会产生外部性,农民往往选择不投资,这是改革开放后耕地建设尤其是农田水利建设投入不足的重要原因。这也促使齐河县转变耕地建设的模式,更多以项目的形式展开耕地建设。

20 世纪 80 年代以来的耕地建设项目包括了以世界银行一期、二期、三期贷款项目为代表的外资项目以及国家级、省级、市级项目。从 20 世纪 80 年代至 2000 年,世界银行一期和二期贷款项目、黄淮海平原开发、商品粮生产基地建设等项目主要集中于荒地的开发利用、中低产田的改造及水利设施的建设,并推动了土肥工程、林业工程及农电工程的实施,且采购了农业机械设备。这些项目系统地扩增了耕地面积,提升了耕地质量,为粮食生产所需的基础与水利设施提供了更加完备的支持,从而改善了生产条件,并为农业机械化创造了条件。此外,这些项目也增强了农业抗灾能力,进而显著提升了粮食产量。

2000 年以后的项目重点放在农业生产技术上。在相关领域专家的支持下,根据齐河县的具体情况,因地制宜地制定适合当地农业发展的方案,并进一步推广相关农业技术。2007 年开始的测土配方项目完成了耕地地力等级评价,查明了耕地土壤肥力状况,建立了小麦和玉米的科学施肥指标体系以及县域施肥专家系统,同时显著提高了农民的科学施肥意识。2008 年启动的现代农业生产发展资金粮食产业项目和粮食高产创建活动进一步聚焦于农技推广,包括农田基础设施建设、农业技术集成推广、试验示范基地建设。

这一时期通过更高的资金和技术投入，采用项目化方式开展农田水利和耕地建设，强调专业化和技术化，为提高农田产能奠定了更坚实的基础。项目化的特点增强了耕地建设的针对性和效率，使其更好地适应齐河县的具体需求和特点。在推进耕地建设的过程中，齐河县充分利用了项目组织模式的优势，并发挥了地方的主观能动性，形成了独具特色的"齐河模式"。

在制定耕地建设项目的整体规划和目标时，齐河县根据本地资源禀赋和发展需求确定项目的内容和重点。邀请了山东农业大学等科研机构的专家和本县农技人员一起对全县粮田进行了深入调研，认真研究，科学规划，以实现区域协调和资源优化配置。根据不同地区的农业发展需求和资源条件，制定相应的建设方案。通过统一规划和统筹安排，避免了资源的浪费和重复建设，提高了农田水利建设的整体效益。考虑长远的发展目标和战略需求，注重项目的长期效益和社会影响，从而更好地保障了耕地建设的可持续性和长期发展。

同时，在推动耕地建设项目时重视组织协调与资源整合。首先，齐河县设立专门的项目组织机构，负责项目规划、实施和监督管理工作。其次，政府与相关部门和机构展开合作，建立跨部门、跨行业的合作机制，以实现资源、信息的共享和优势互补。最后，在技术方面，县农业技术推广部门整合栽培、植保、土肥等方面的技术力量，成立了高产创建农技推广应用综合办公室。这种合作模式有助于整合各方资源，形成合力，提高项目的整体效益和可持续发展能力。

通过技术创新和经验积累，齐河县政府不断提升耕地建设的科技含量和管理水平。项目实施过程中,齐河县政府注重尝试新技术和方法,同时及时总结成功经验和教训,形成科学有效的管理和执行方法。在与科研机构、高校和企业合作开展科研攻关和技术创新的同时,鼓励农民参与技术培训和实践,提高其农业技术水平。在技术落实上,形成"县有技术专家、乡有技术骨干、村有技术标兵"的三级科技服务队伍体系,核心区每个示范片确立了1名技术负责人,每乡镇配备不低于10人的农技推广队伍,各示范区每村选择了10个科技示范户。同时,技术人员也积极与种粮大户进行互动交流,推广种粮经验。

在监督管理与评估考核方面,齐河县政府采取了多项措施以确保耕地建设项目的顺利推进和取得成效。设立了专门的项目管理机构或工作组,负责项目的组织、管理和监督,使项目执行更加规范和高效,建立了县—乡镇—村的责任体系,每一层级都有相应的负责人。同时,把高产创建纳入全县科学发展综合考评体系,制定了整建制高产创建考核办法,对高产创建组织有力、成效显著的乡镇进行表彰奖励,对工作不力、落实不到位的进行通报批评。

在发挥主体自觉方面,齐河县政府通过宣传教育和激励机制,引导农民参与耕地建设,增强他们的主体意识和责任感。例如,开展耕地建设宣传活动,宣传种粮大户的成功案例和先进经验,激发农民的学习热情和实践动力。同时,建立奖励机制,对取得突出成绩和贡献的单位和个人进行表彰和奖励,激励更多的农民积极参与到耕地建设中。

综上所述,耕地建设是一项复杂且涉及多个方面的系统性工作。齐河县充分借助项目制在整合技术、资金资源方面的优势,形成各部门之间的通力合作,集中力量推动耕地建设。在项目推进的过程中,齐河县充分因地制宜,根据齐河县本地的实际情况,通过政策支持、资源整合、监督管理等措施实现耕地建设的进一步发展,也为后续的粮食产能建设奠定了重要的基础。

第三章　耕地保护与农民增收的协同路径

地方政府如何落实国家日益严格的耕地保护制度是农业发展的核心问题之一。随着齐河县经济的快速发展,产业结构由过去的以农业为主到逐渐呈现多元化趋势,城市和基础设施扩展迅速,建设用地规模呈逐年增长趋势,建设用地的增加意味着将面临耕地不断减少的压力。本章将从国家制度的梳理连接到齐河县地方政策的实践,试图为我国粮食主产区耕地保护提供有益探索。

第一节　提高耕地利用效率的有效途径

城镇化的不同模式会对耕地利用造成差异化的影响,除了城市用地扩张造成的耕地数量减少风险之外,还会因为土地利用方式的改变对耕地用途产生威胁。城镇化发展初期,耕地利用转型以非农化的显性转型为主,主要服务于经济快速发展背景下城市建成区扩张对新增建设用地的强烈需求;城乡融合发展阶段,农村劳动力外流导致的耕地利用状态改变即耕地利用隐性转型成为主要问题。在城乡融合背景下,耕地利用转型有益于持续有效地对耕地进行利用,但农民对耕地保障价值的需求及耕地权益关系重塑过程中多元主体利益的损益对耕地利用转型造成不利影响。[①]由此,如何同时实现农民增收与耕地保护成为地方政府必须攻克的难题。

齐河县通过高标准农田建设等一系列措施增强耕地地力,以高产稳产的耕地实现"种地富农"的效果,最终实现农民增收与耕地质量保护的有效协同。齐河县坚持"藏粮于地",实施高标准农田建设,整合多方资源,持续加大投入,改善生产条件,全方位提升耕地质量,建成全国最大的80万亩粮食绿色优质高产高效创建示范区,高标准农田面积超过110万亩,占耕地面积的80%,2023年率先实现县域全覆盖,全县耕地面积等级平均为6等,全部为高等地,远高于山东省平均水平,耕地综合生产能力大幅提升。

一、耕地保护的三道保障

习近平总书记高度重视耕地保护工作,要求把耕地作为我国最为宝贵的资源,坚决遏制各类耕地"非农化"、防止耕地"非粮化",要让最严格耕地保护制度落到实处,采取"长牙齿"的有力措施进行保护,以确保其不受任何损失。

自然资源部坚决贯彻落实习近平总书记的重要指示精神,按照党中央和国务院的决策部署,以坚守18亿亩耕地红线为目标,协同相关部门完善法律法规,严格实施用途管制,并加强监督执法。在持续严格规范非农业建设占用耕地并确保"占补平衡"的

---

① 唐莹:《城乡融合背景下耕地利用转型新动力与转型推进策略》,《农村经济》2022年第11期。

基础上,针对第三次全国国土调查所反映的大量耕地不合理流失问题,要求在年度内补足数量相等、质量相当的可长期稳定利用的耕地;针对违法建设占用耕地所导致的耕地减少问题,严格规定在违法用地整改处置完成之前,必须先行"冻结"当地的相应储备补充耕地指标,以确保耕地数量的稳定;同时,更要严格管控耕地用途,防止耕地"非农化""非粮化"。

　　齐河县深入贯彻习近平总书记重要指示精神,扛牢"粮食安全"大旗,严格落实"藏粮于地、藏粮于技",按照"因地制宜、科学规划、以点带面、梯次推进"的工作思路,分区域、分步骤实施"吨半粮"创建。一是坚决落实"书记抓粮"。设立四级书记"指挥田",县委书记抓万亩高产片、(乡)镇委书记和管区书记抓千亩示范方、村委书记抓百亩样板田,率先实现20万亩全国最大面积集中连片"吨半粮"生产能力,在全国产粮大县中率先实现烘干仓储设施乡镇全覆盖,打响了"吨半粮、齐河创"品牌。二是全域推动"保地稳粮"。坚持"藏粮于地",全方位提升耕地质量,建成全国最大的80万亩粮食绿色优质高产高效创建示范区,高标准农田超过110万亩、率先实现县域全覆盖,打造高标准农田全国样板。三是创新赋能"科技增粮"。加快建设全国唯一的小麦育种全国重点实验室、小麦产业研究院,20余位院士联合推进地力提升、良种繁育、高产创建等工作,聚力建设小麦产业领域的航母级"国之重器",打造黄河流域现代农业高质量发展示范区。通过"吨半粮"创建,有效保障国家粮食安全、提高农民增收,防止耕地"非粮化"行为。

（一）切实落实耕地用途管制工作

占用耕地导致耕地"非农化""非粮化"的行为主要有：城镇化建设、现代化乡村基础设施建设；工厂、企业等其他建设项目占用耕地；农业种植结构调整中林业、果业、渔业的发展占用耕地；生态退耕及自然灾害破坏耕地。因此，要保障耕地的数量及粮食生产，就要对各项占用耕地的行为采取严格的限制措施，具体包括以下四个方面。

1. 强化土地规划管控

齐河县通过建立和完善国土空间规划体系，统筹衔接城乡建设、区域发展、产业布局、交通基础设施建设、生态环境保护等方面的各类规划，推进"多规合一"，优化国土空间开发、保护和整治格局。以土地利用总体规划为底盘，以资源环境承载力、建设用地总量强度"双控"为基本约束，合理确定城镇、农业、生态三类空间比例，科学划定城镇开发边界、永久基本农田和生态保护红线。严格土地利用总体规划实施管理，强化用地预审"闸门"作用，从严核定新增建设用地规模，优化建设用地布局，科学引导新型工业化、城镇化等各类非农建设避让耕地，从严控制建设占用耕地行为。

明确耕地利用优先序，永久基本农田重点用于粮食生产，高标准农田原则上全部用于粮食生产，保证小麦、玉米等谷物种植，建立完善土地流转用途监管机制。严格控制耕地因农业结构调整转为林地、草地、园地等其他农用地及农业设施建设用地，禁止闲置、荒芜耕地。严格落实永久基本农田特殊保护制度，将具备改造潜力的中低产田，以及通过土地整治、增减挂钩、高标准农田建设等新增加优质耕地优先划定为永久基本农田储备区，进一步完善农田井、桥、路、电、林等基础设施,达到"田成方、林成网、路相通、渠相连、旱能浇、涝能排、地力足、灾能减、功能全"九大配套体系的生产格局,有效改善农业生产条件,为提高粮食产量打下坚实的基础。开展耕地综合治理、土壤肥力保护提升、建设占用耕地耕作层土壤剥离利用行动。

为合理配置、集约使用空间资源,优化空间布局,保护耕地面积,《焦庙镇2018—2035年镇域空间管制规划》中,明确设置禁止建设区及限制建设区。禁止建设区一般是指以自然环境与人文景观保护为主要任务,严格禁止开发建设活动的区域。该类地区环境脆弱,极易受到破坏,且一旦破坏后很难修复,包括镇域内的基本农田保护区、水域、水源保护区和市政走廊等。管制要求包括:(1)禁建区应维护现有地貌形态和现有土壤植被状态,原则上禁止在区内进行任何与保护功能无关的开发建设活动,任何不符合资源环境保护要求和市政安全的建筑必须限期搬迁;(2)对基本农田应严格保护,任何单位和个人不得随意改变或占用,确实需要占用的,必须经国务院批准,并进行占补平衡;(3)加强生态环境、自然及人文资源、水环境的管制,严格禁止各类开发建设活动,防止受到建设性破坏。

限制建设区指空间利用矛盾突出,限制非农业开发建设活动,但在一定条件下允许低密度开发建设的区域,并且以开发建设活动不破坏当地的生态景观环境为前提。包括一般农林用地区、水源涵养区、汇河、低山丘陵生态功能区。管制要求包括:(1)限制建设区内对各类开发建设活动进行严格限制,不宜安排城镇开发建设项目,确有必要开发建设的项目应符合城镇建设整体和全局发展的要求,并应严格控制项目的性质、规模和开发强度,适度进行开发建设;(2)在规划批准改变用途以前,区内农用土地按原用途继续使用,不得提前废弃、撂荒,对占而不用的农用土地必须依法收回;(3)鼓励在生态绿地内植树造林、种花种草,绿化、美化沿河、沿路生态环境,不得随意砍伐树木。

2. 严格永久基本农田约束性保护

统筹各类空间性规划,在划定生态保护红线、城镇开发边界工作中,要与已划定的永久基本农田控制线充分衔接,原则上不得突破永久基本农田边界。开展耕地质量等别更新和监测评价,对优先保护类的耕地、粮食生产功能区和重要农产品生产保护区范围内的耕地以及已建成高标准农田范围内的耕地要优先划为永久基本农田,实行重点保护。永久基本农田一经划定,任何单位和个人不得擅自占用或改变用途。禁止任何单位和个人破坏永久基本农田耕作层。

强化永久基本农田对各类建设布局的约束和引导作用,将不得占用永久基本农田作为项目选址的重要前提条件。一般建设项目不得占用永久基本农田,重大建设项目选址确实难以避让永久基本农田的,在可行性研究阶段,必须对占用的必要性、合理性和补划方案的可行性进行严格论证,报自然资源部预审。严禁通过擅自调整县乡土地利用总体规划,规避占用永久基本农田的审批。坚决防止永久基本农田"非农化",严肃查处违法违规占用永久基本农田行为。建立健全耕地保护补偿机制。积极推进各级涉农资金整合,综合考虑耕地保护面积、耕地质量状况、粮食播种面积、粮食产量和粮食商品率以及耕地保护任务量等因素,统筹安排资金,按照谁保护、谁受益的原则,加大耕地保护补偿力度。耕地保护补偿激励资金发放与耕地保护责任目标落实、耕地地力保护等情况相挂钩,主要用于农田基础设施后期管护和修缮、地力培养、耕地保护管理等。

3. 严格管理耕地占用行为

自然资源部要求建立健全耕地保护工作机制,采取严格措施,以零容忍态度严肃查处各类违法占用耕地行为。为了扎实推进耕地占补平衡专项整治,需要着力解决占而不补、补而不实、弄虚作假等突出问题,规范耕地占补平衡管理秩序。同时,加强协作配合,形成监管合力,加大对违法违规占用破坏耕地行为的打击力度。守牢耕地保护红线,确保耕地总量不减少,严控占用和补足补优是关键。2023年7月20日,中央财经委员会第二次会议明确,改革完善耕地占补平衡制度,将各类对耕地的占用统一纳入占补平衡管理,坚持"以补定占",目的就是严控占用、严格补充、严守总量,通过调整管理方式、压实各级责任、强化考核监管,实现省级行政单位年度耕地总量动态平衡。

齐河县层层压实责任,以零容忍态度坚决遏制新增违法违规占用耕地行为。落实最严格的节约用地制度。按照严控总量、盘活存量、优化结构、提高效率的总要求,综合利用规划调控、市场调节、标准控制等手段,全面推进城镇、工矿、农村、基础设施等各类建设节约集约用地。大力推进城镇低效用地再开发、城乡建设用地增减挂钩试点、工矿废弃地复垦调整利用试点等工作。全面清理批而未供、供而未用、低效用地和闲置土地,对造成土地闲置满一年未动工的,足额征缴闲置费,连续两年未动工的,依法收回。按照限期开发一批、调整利用一批、置换盘活一批、依法收回一批等方式,因地制宜、加快处置,提高土地利用率。盘活存量建设用地,推进城镇低效用地再开发,引导产能过剩行业和"僵尸企业"

用地退出、转产和兼并重组。进一步加强建设用地批后监管,规范土地供应和开发利用行为,强化节约集约用地目标考核和约束,提高建设用地使用效率。

开展农村土地利用规划编制工作。科学合理确定农村居民点用地布局和规模。严格落实"一户一宅"制度,农民建房不得超过法律法规有关规定限定的面积。合理引导农民集中建房或原址重建,充分利用村集体存量建设用地和零星未利用地,尽量不占或少占耕地,禁止占用永久基本农田。加大农民建房监督检查和违法违规行为查处力度,严格落实政府监管责任,形成上下联动、纵横配合、齐抓共管的耕地保护管控格局。

规范耕地占用税征收管理。耕地占用税是耕地转变用途环节所征收的唯一税种,在耕地保护过程中发挥着重要的调节作用,即通过特定税额对耕地占用行为进行约束。为进一步做好耕地占用税征收管理工作,齐河县人民政府颁布《关于规范耕地占用税征收管理有关问题的通知》,明确了纳税人义务及纳税义务发生时间,规范纳税申报程序,确保合理利用土地资源,加强土地管理,保护耕地。

清除占用基本农田的规模养殖场。《齐河县人民政府关于印发齐河县畜禽粪污专项整治行动实施方案的通知》指出,县国土局负责加强对畜禽养殖用地的监管,依法办理畜禽养殖用地审批手续,严肃查处未经审批乱占乱建畜禽养殖用地案件;负责对占用基本农田违法建设的规模养殖场进行整治拆除,对需搬迁的养殖场进行审批。

4. 落实占补平衡政策

完善耕地占补平衡责任落实机制。各乡镇(街道)政府(办事处)是本行政区域内落实耕地占补平衡的责任主体,确保建设占用耕地及时保质保量补充到位。非农建设占用耕地的建设单位必须依法履行补充耕地义务,无法自行补充数量、质量相当耕地的,应当按规定及时足额缴纳耕地开垦费。对经依法批准占用永久基本农田的,缴费标准按照当地耕地开垦费最高标准的两倍执行。设施农用地、临时用地生产生活结束后,经营者应按相关规定进行土地复垦,占用耕地的应复垦为耕地。

坚持"严保严管、节约优先、统筹协调、改革创新"的原则,已经确定的耕地红线绝不能突破,已经划定的永久基本农田绝不能随便占用,确保齐河县耕地保有量与永久基本农田面积不减少、质量有提升、产能有保障"。坚决防止耕地占补平衡中补充耕地数量不到位、质量不到位的问题发生,坚决防止占多补少、占优补劣、占水田补旱地的现象发生。建成集中连片、设施配套完善、高产稳产、生态良好、旱涝保收的高标准农田,稳步提高粮食综合生产能力,为确保齐河县县粮食总产稳定提供资源保障。耕地保护制定和占补平衡政策体系不断完善,形成保护更加有力、执行更加顺畅、管理更加高效的耕地保护新格局。

(二)以四级田长制度落实耕地保护责任

田长制是为了落实十分珍惜、合理利用土地和切实保护耕地基本国策,由党政领导、集体经济组织或者村民委员会负责人、土地承包经营权人等担任田长,协调整合各方力量,依法依规落实耕地保护责任和义务,全覆盖全过程地实施网格化、精细化管理,进而促进耕地资源严格保护和合理有序利用的责任体系与制度安排。

　　田长制是近年来地方在耕地保护实践中形成的重要创新性制度,其重点是压实地方党委、政府在耕地保护中的主体责任,畅通耕地保护的"最后一公里",构建网格化的耕地保护监督体系。为坚持最严格的耕地保护责任制度和节约集约用地制度,强化地方党委和政府保护耕地的主体责任,充分调动农村经济组织和农民保护耕地的积极性,齐河县在全县推行耕地和永久基本农田保护"田长制",建立了县、乡镇(街道)、村、村民小组(网格员)四级田长,设置县级田长 2 名,乡镇(街道)田长 30 名,村级田长 962 名,村民小组(网格员)2451 名。促进土地执法监管依法、规范、有序。明确了职责分工,明确各级田长是责任耕地和永久基本农田管理工作的第一责任人,要积极开展巡查工作。及时发现耕地"非农化""非粮化"行为,及损坏永久基本农田保护标志牌等行为。对于强占多占、非法销售等违法乱占耕地建房行为;违规占用耕地和永久基本农田从事非农建设;违规占用耕地和永久基本农田植树造林、挖塘养殖、填埋、挖沙、取土、排放污染物、堆放固体废弃物等破坏耕地和永久基本农田行为应第一时间制止。要因地制宜,突出以田长负责人日常巡查履职为重点,实现对耕地和永久基本农田及时、高效巡查和管护。加大对责任耕地和永久基本农田的巡查力度,一级田长每年至少巡查一次,二级田长每月至少巡查一次,三级田长和田长负责人每周至少组织巡查一次。

　　为进一步推进田长制工作,促进耕地和永久基本农田保护工作规范化、制度化、常态化,提高各级田长的工作积极性,齐河县对田长工作开展情况实行年度考核。齐河县田长制考核内容可概括为"四率"。

　　一是耕地保护知识普及率。一级田长、副田长要投入更高的重视程度,使耕地和永久基本农田保护"田长制"有机构、有牌子、有人员。二、三级田长应积极参加镇政府和业务部门组织的培训,熟练掌握耕地保护的相关文件、田长职责、工作手段、概念定义、政策解读。积极宣传耕地和永久基本农田保护法规政策。田长制耕地保护标识牌及法规政策宣传标语设置位置得当、版面整洁,田长标识牌公示的田长姓名真实准确,电话畅通。本项满分20分。

二是巡查到位率。各级田长应安装注册山东省空天地一体化自然资源监测监管系统,运用小程序及时对日常巡查情况及发现的问题上传,县自然资源局每月月初会通过该监测监管系统后台监督各级田长巡查情况。本项满分30分。

三是发现线索报告率。通过建立各级田长工作群,督促田长结合日常巡查,严格监管各类非农建设项目和设施农业等项目用地,确保辖区内无破坏耕地和基本农田现象发生,对发现的违法违规线索,第一时间在群内上报,第一时间启动共同监管责任机制。本项满分30分。

四是耕地保护目标完成率。乡镇(街道)一级田长积极完成上级政府下达的耕地和基本农田保护目标任务,积极支持高标准基本农田建设,耕地增减挂钩项目、耕地占补平衡项目实施,按时完成项目建设。保障除国家依法占用的耕地和基本农田外,辖区内耕地和基本农田数量不减少、质量不降低。本项满分20分。

同时,还设置了加分事项,如因创新做法、形成典型经验受到上级政府表彰或主流媒体宣传推广的、通过强化科技手段支撑,提高耕地保护管理水平的可进行适当加分。全县每年度进行一次考核评分,考核分优秀、合格、不合格三个等次,对优秀田长进行表彰通报,进一步激发田长对耕地保护工作的积极性和主动性;考核不合格的田长根据情况建议所在镇村予以撤换;而违法用地突出的,进行约谈问责,严重失职渎职的,按规定交由纪检监察机关处理。

各镇根据县里安排,结合实际情况制定本镇的田长制管理制度。以胡官屯镇为例,为推动各级田长履职尽责,早发现、早处理、早解决各类涉耕地和永久基本农田保护问题,坚决守住耕地保护红线,加大违法用地查处力度,扎实推进田长制落实落细,积极探索田长制管理与日常动态巡查相结合的工作新机制,胡官屯镇制定了符合镇情的田长奖惩考核管理办法。一是将田长巡查工作、投诉举报涉及耕地和永久基本农田保护问题的处理情况作为田长履职考核的主要内容,纳入干部实绩考核。应当结合本年度巡查工作的检查,抽查情况重点考核巡查到位情况和问题及时发现、处理、提交、报告、跟踪解决到位情况及巡查日志记录情况。二是上级田长在定期考核、日常抽查、社会监督中发现下级田长巡查履职存在问题或隐患的,应约谈警示。对巡查履职不到位、整改不给力等行为,在约谈警示的基础上,启动督办程序。

明确田长责任能够更好地保护耕地和永久基本农田,防止非法占用和破坏。齐河县在全县所辖区域村庄(社区)内,设立耕地和永久基本农田保护田长制标识牌980块,将每个村庄内的耕地划分到块,责任到人,标明了耕地和永久基本农田保护面积范围、示意图、责任人、田长姓名和举报电话等信息。同时,印发3500余份田长手册,引导公众积极关注参与,增强群众的耕地保护意识。各乡镇切实发挥政府作为耕地保护第一责任人的作用,压实属地责任,构建分级负责、全面覆盖、责任到人,到村级村民小组;在落实政府耕地保护主体责任的基础上,建立以村集体为主体、以村小组长为日常管护的基层耕地保护机制。各乡镇按照工作部署和技术操作规范要求,制定工作实施方案和工作目标任务技术。做好任务分解、做到思路清晰,有序推进。不断强化巡查力度,落实巡查责任,构建横向到边、纵向到底的巡查全覆盖。整合各方面有力资源,发挥部门职责,形成合力。将推进田长制改革工作进展情况和遇到的问题及时做好统计汇报、分析研究、会商解决、实时推进,利用"精准联动、精准协调、精准发力、精准整改"的协调机制全力推进改革落地生根。

田长巡查应查看的内容包括:(1)是否存在强占多占、非法销售等违法乱占耕地建房行为;(2)是否存在违规占用耕地和永久基本农田从事非农建设;(3)是否存在买卖、流转耕地违法建房;(4)是否存在违规占用耕地和永久基本农田植树造林、挖塘养殖;(5)是否存在非法建窑、填埋、挖沙、取土、排放污染物、堆放固体废弃物等破坏耕地和永久基本农田行为;(6)是否存在违规在河渠两侧占用耕地和永久基本农田超标准建设绿色通道;(7)田长公示牌设置是否规范,是否存在倾斜、破损、变形、变色、老化等影响使用问题。

田长既是防止耕地"非农化"的"侦查员",也是耕地保护工作的"宣传员",是耕地保护工作的重要一环。2022年齐河县自然资源局通过为全县15个乡镇送达《致全县镇村田长的一封信》,促使各级田长深刻认识到落实耕地保护工作任务艰巨、责任重大,要强化责任与担当,共同守护耕地保护红线。

(三)以技术赋能田长巡查制度的有效运行

为了更好地组织耕地监管巡查工作,方便交流,齐河县建立了乡镇(街道)一级田长微信工作群,各乡镇(街道)也建立了管区、村(社区)二级田长微信工作群,以及村(社区)和小组长(网格员)三级田长工作群。结合日常巡查,严格监管各类非农建设项目和设施农业等项目用地,确保辖区内无破坏耕地和基本农田现象发生。三级田长基本都是村小组的组长,日常生活和外出都会经过本组管辖区域,他们可以通过随手拍几张照片发到微信群进行上报,这种方式既不费力又能起到监管的作用。如果田长发现有违法违规的线索,便会在第一时间在群内上报。微信群内会第一时间启动共同监测责任机制,对破坏耕地或者永久基本农田的行为进行及时制止,并组织查处工作。这种上下联动的工作机制,能够实现对占用或破坏耕地和永久基本农田等违法行为"早发现、早制止、早查处、早预警"的效果。通过这种方式,齐河县织就了一张田长通信网,使信息流通更加顺畅,监管更加有力,从而更好地保护耕地和永久基本农田。

齐河县的田长制度受到了自然资源监测监管系统与"鲁地云随手拍"的技术赋能。为切实加强耕地保护,构建"发现在初始、解决在萌芽、监管伴全程"的自然资源执法监管新机制,山东省自然资源厅研发推出山东省空天地一体化自然资源监测监管系统执法应用场景。通过整合自然资源涉及的规划、土地、林草等数据,建立一个自然资源一体化信息平台,形成自然资源数据"一张图"。借助铁塔公司现有铁塔,建立空天地一体化的"高空瞭望"系统,采用高新技术手段来辅助耕地保护巡查工作。空天地一体化监测中,"空"指低空无人机监测、"天"指卫星遥感监测,"地"指地面监测,这种监测方式具有监测面积大、监测范围广的特点。空天地网一体化智慧监测体系的主要内容包括遥感卫星、无人机、视频监控、田长(网格员)等终端对耕地违法信息的实时采集、处理、上报,然后利用大数据进行分析,基于互联网进行协同查处。旨在形成卫星遥感"天上看",视频监控、无人机遥感"实时看",田长负责"实时管",网格员"实时巡",公众参与"随手拍",物联网、互联网、大数据分析"智能管"的一体化、智慧化耕地动态监测新格局。

该平台数据实时更新,配备移动终端,方便一线执法人员动态巡查。同时,通过该平台,可实时掌握一线执法人员巡查路线、巡查次数等。真正做到了"全天候、全方位、360度无死角"的实时监控,能够有效遏制耕地"非农化"行为。为切实做好耕地和基本农田保护工作,推动耕地保护田长制落实落细,提升田长巡田工作水平,齐河县为各级田长注册安装了山东省空天地一体化自然资源监测监管系统,并组织开展宣传培训活动,让各级田长充分了解该监测系统的作用及如何操作。织就了一张全方位、立体化的监测网络。

"鲁地云随手拍"微信小程序是山东省自然资源厅开发的一个微信小程序,旨在方便社会公众上报自然资源违法线索。是面向社会公众开放的自然资源违法线索归集渠道,鼓励社会公众对发现的自然资源违法线索"随手拍"。使用手机号码一键登录后,填写线索信息并添加举证照片,即可随时随地上报自然资源违法线索。举报范围包括非法占地、破坏耕地等土地违法;非法采矿、破坏性开采等矿产违法;破坏林地、毁坏林木、非法捕猎(运输)野生动物等林业违法;新建、改建、扩建中的规划违法;测绘过程中的违法等,可以促进自然资源违法行为的早发现、早处置。

2022年"鲁地云随手拍"开通了田长制应用模块,田长制应用模块是"鲁地云随手拍"的重要应用场景之一,是实现"人防+技防"耕地保护工作格局的重要抓手。田长巡查模块是"耕地智保"应用中"人防"的重要环节,是各级田长掌握耕地情况,开展定期巡查的技术支撑。各级田长可运用"鲁地云随手拍"微信小程序,对发现的问题做到及时上传,强化了日常巡查,通过"鲁地云随手拍"微信小程序,随时随地上报发现的问题,实现及时上传和高效处理。齐河县积极推广"鲁地云随手拍"微信小程序的使用,组织了各类培训活动,确保各级田长能够熟悉小程序的操作流程,更好地发挥其作用。培训活动不仅包括技术操作方面的指导,还涵盖了相关法律法规和政策解读的内容,以便田长们能够更好地理解和应用。培训过程中,专业技术人员会向田长们介绍小程序的基本功能和使用方法,包括如何上传照片和填写相关信息等操作。同时,还会针对实际应用中可能出现的问题进行解答和指导,帮助田长们解决遇到的问题和提高工作效率。

小程序的推行进一步强化了日常巡查工作,让田长们更好地履行职责,保护耕地和永久基本农田。通过这个小程序,各级田长可以方便地拍照记录问题,填写相应的信息,并上传至云端存储。这样,无论是非法占地、破坏耕地的违法行为,都可以被及时发现并上报,为后续的处理工作提供了有力的证据和信息。通过"鲁地云随手拍"微信小程序的使用,各级田长可以更加便捷地开展日常巡查工作,有效提高监管效率。同时,该小程序还可以实现数据的共享和交互,让相关部门更好地协作和配合,共同推动问题的解决和改进。"鲁地云随手拍"微信小程序为耕地和永久基本农田的保护管理工作提供了一个全新的监管手段,实现了对全县范围内的全覆盖保护管理。

综上所述,齐河县为了防止耕地"非农化""非粮化",稳定粮食生产,坚决落实最严格的耕地保护制度和节约集约用地制度。通过建立和完善国土空间规划体系,统筹规划,优化国土空间开发、保护和整治格局,明确耕地利用优先序,永久基本农田重点用于粮食生产,高标准农田原则上全部用于粮食生产。同时,建立四级田长制度,明确田长责任,建立田长考核机制,促进土地执法监管依法、规范、有序。为更好地组织耕地监管巡查工作,方便交流,建立了"田长微信群",并运用"鲁地云随手拍"微信小程序,鼓励社会公众对发现的自然资源违法线索进行上报。一系列组合拳有效防止了耕地被非法占用和破坏,并且促进了耕地和永久基本农田保护工作规范化、制度化与常态化。

二、农用地整合的三种方式

农用地整合是通过调整土地关系、改善生产结构、增加可利用土地面积,提高土地利用率和产出率的措施,创建高产地包括增强耕地地力和保护修复耕地生态系统的一系列措施。齐河县通过全方位提升耕地质量,建成全国最大的粮食绿色优质高产高效创建示范区,并率先实现县域全覆盖。同时,建立完善全县耕地轮作休耕制度,推动用地与养地相结合,坚持轮作为主、休耕为辅的粮食生产模式,在确保国家粮食安全前提下,调整优化耕地轮作休耕规模和范围。

整合农用地即对农用地利用的调整与治理,是通过对农用地利用生产环境的改善消除农用地利用中对社会经济发展起制约作用或限制作用的因素,促进土地利用的有序化和集约化,从而提高土地利用效率。现阶段农用地整合一般指一定区域内,依据对田、水、路、林等综合整治,调整土地关系,改善土地利用结构和生产条件,增加可利用土地面积,提高土地利用率和产出率的措施。具体是在坚持农村土地家庭承包经营制度的基础上,在农民自愿的前提下,在农村集体经济组织内部,通过农户之间土地互换并地,"小块并大块、多块变一块",使农户承包经营的分散、零星耕地集中或相对集中,解决土地细碎化问题,变小田为大田,变闲置为利用,变粗放为集约。

(一)发展房前屋后"边角经济"

齐河县传统民居的房前屋后普遍存在一定的闲置空间,部分村民会利用这些边角空间进行种植,然而,这种个体化的利用方式缺乏有效的统一规划,会造成视觉上的凌乱。为了形成统一规划,做到对土地"应用尽用",齐河县政府着手引导各村对村内闲散土地进行集中回收再利用,发展边角经济,对群众房前屋后闲散地进行集中开发,在提高土地利用效率的同时进一步提升乡村风貌。

齐河县表白寺镇生家村 2012 年对村内闲置池塘统一对外承包,当年村集体收益 2.9 万元。同时,该村对群众房前屋后闲散地进行集中开发,村集体种植法桐、柳树 500 余棵,由群众负责管理,群众可以在法桐、柳树下套种花生、大豆等矮棵农作物,农作物的收益归群众,法桐、柳树轮伐后的收益集体与农户按一定比例分成,从而实现了发展集体经济与促进农民增收的双赢。胡官屯镇陶庄村 2018 年整平村周围荒地 120 亩,村集体进行统一管理,有效增加了村民和村集体收入。马集镇将花卉苗木种植与村级边角经济发展相结合,鼓励农户在房前屋后、道路两侧、村边沟沿等处种植冬青、速生杨等经济林木,充分利用闲散地块。

同时,村庄内部多余道路也可以开垦利用;有些种植户会在田间田埂及林下进行种植,使实际种植面积大于统计面积。为了增加耕地面积,同时更好地对农用地进行准确统计及规范化管理,齐河县政府积极鼓励对边角地的统一开发利用。如赵官镇通过土地整理,开发出田埂、多余道路和边角未利用土地共计110余亩,为村集体带来每年9万元的增收。

(二)耕地形态变"小田"为"大田"

从历史的角度来看,耕地细碎化这一经济现象在中国由来已久,最早在唐朝中期就出现了。人民公社时期,实施集体化大生产,耕地细碎化暂时在农业生产领域中消失。但是随着家庭联产承包责任制的施行,土地根据其质量的差异、好坏搭配起来,按照人口的数量被均分,耕地细碎化现象又再次出现。此外,由于农村人口不断增加,同时,城镇化的迅速发展使耕地数量大幅减少,以及为了土地使用权的平均化"大调整"和"小调整"手段的持续实施,使农业用地细碎化的程度进一步加深。有学者根据我国土地利用遥感监测数据等公开数据进行测算,获得了1980年、1990年、2000年、2010年和2020年全国县域耕地景观细碎化指数平均值分别为5.544、5.546、5.567、5.619和5.669。[1] 可见耕地细碎化趋势仍在加剧。

---

[1] 陈万旭、段斌俏、曾杰:《1980—2020年中国耕地景观细碎化空间分异性与影响因素分析》,《农业工程学报》2024年第21期。

农地细碎化会带来许多问题，一方面，"小田"加大了使用机械，特别是那些作业能力强、适合为众多农户提供作业服务的大中型机械的难度，细碎化的耕地要求机械能够灵活移动、快速进退、频繁转向、循边收获。另一方面，"小田"会增加机械使用费用，阻碍农业技术的推广，通常情况由于规模效益在最佳作业能力的状况下利用大型机械的单位成本要低于小型机械，地块规模越大，使用机械的单位成本就会越低，如果在细碎化的耕地上作业，由于耕地宽幅和长度的限制都会使大型机械无法使用，对拥有细碎土地的农户来讲，农机的使用反而会增加其成本，而农机社会化组织也会因为作业难度大、成本高利润低等原因避开对细碎耕地的作业。细碎化的土地已经成为制约农业发展的重要一环，只有整合土地，规模化种植，才能提高农户种地的积极性，防止耕地抛荒撂荒现象加剧。基于这一国情、农情，如何破解耕地资源禀赋和人地关系格局的瓶颈约束，将细碎、分散的耕地集中连片，提高耕地利用效率，促进农地适度规模经营，成为着力推动小规模农业全面升级、农村全面进步、农民全面发展的必由之路。

《中共中央　国务院关于做好2023年全面推进乡村振兴重点工作的意见》明确指出："总结地方'小田并大田'等经验，探索在农民自愿前提下，结合农田建设、土地整治逐步解决细碎化问题。"土地整理是一项调整土地关系、组织土地利用的重要措施，经过整理的土地可以获得显著的效益，这在我国大部分地区土地整理工作实践中获得证实。齐河县的农田中，不同程度地分散着一些废沟塘、多余的田埂等，如果通过恰当的措施，对农田进行综合整治，不但可以增加有效耕地面积，还可以提高耕地质量，提高粮食单产。

近年来,齐河县开始探索通过土地流转和调地等方式,将这些细碎的土地集中连片,以实现更高效的农业生产。政府积极推动土地流转,鼓励农民将他们的土地使用权转让给农业企业或合作社,以形成大规模的连片土地。土地连片后可以将多余的田埂及田间道路去掉,实现有效耕地面积的增加。调地是指通过对土地进行重新规划和调整,使土地布局更加合理和有效。通过对土地进行重新规划和调整,使原本分散的小块土地连成一片,形成了集中连片的耕作区域。土地整合实现了"小田并大田",但这并不意味着耕地细碎化治理工作的终结。耕地细碎化治理必须以土地连片耕种从而提高农业生产效率为最终落脚点,否则耕地细碎化治理毫无意义。齐河县的做法是推动各村进行"整件制"土地流转,此外,通过成立土地股份合作社加快土地流转。

(三)种植方式变"粗放"为"集约"

土地集约化经营是指将原本分散的土地资源集中到少数具有种植能力的农户手中,通过整合土地、人力、生产方式等资源进行规模化种植,以实现规模效益的经营方式。其核心特征在于将分散的、闲置的土地生产要素进行统一整合,实施统一的管理、生产和农业资料投入,最终通过规模效应和集约化生产操作实现土地产出的最大化,同时保障农民的利益最大化。这种经营方式有助于提高农业生产效率,降低生产成本,增加农民收入,促进农村经济发展。

目前在齐河县农村种地的大多都是老年人,青壮年劳动力大多选择外出务工,这一现象的原因可归结为两个方面:一是农业生产的盈利水平较低,种地不赚钱;二是种地太辛苦,高强度的付出与所产生的效益之间不成正比。这种局面出现的根本原因是农业生产效率过低。土地过于分散,使大型机械化的推广受到严重限制,许多地方依然沿用最为原始的生产方式进行生产种植,导致种地成为一件十分辛苦的事情。机械的代替可以显著节约劳动力,有效解放农民的双手,并大大提高土地的生产效率。

土地集中连片后便可进行规模化的土地整治,提高耕地质量。大力实施土地整治,可以落实补充耕地任务。齐河县明确要求各乡镇(街道)要在严格保护生态前提下,因地制宜、统筹规划,严格落实年度补充耕地任务,积极拓展补充耕地途径,统筹实施土地整治、耕地提质改造、高标准农田建设、城乡建设用地增减挂钩、历史遗留工矿废弃地复垦等,新增的耕地经核定后可用于落实补充耕地任务。农用地产业结构调整增加耕地,经认定后可用于落实补充耕地任务。要拓展资金渠道,加大补充耕地投入,用好财政资金投入外,积极创新实施方式,鼓励社会资本、金融资本参与土地整治,并按照上级有关规定获取合理的土地收益。

严格补充耕地项目管理。加强对土地整治和高标准农田建设项目的全程管理,规范项目规划设计,强化项目日常监管和施工监理。严格按照验收程序做好项目竣工验收,县自然资源、财政、农业农村等部门要加强对土地整治补充耕地数量、质量的检查验收,严格执行验收规程,严格新增耕地数量认定,依据相关技术规程评定新增耕地质量,确保数量质量到位。经验收合格的新增耕地,应当及时在年度土地利用变更调查中进行地类变更。各乡镇(街道)要强化补充耕地项目日常监测监管,加强后期管护,按照谁使用、谁管护和谁受益、谁负责的原则,确保整治后形成的耕地数量不减少、质量不降低、用途不改变。

　　总体而言,齐河县通过"稳定耕地数量、提升耕地质量"的双措并举来优化耕地布局。在耕地使用的过程中,齐河县以可持续发展的眼光与方法进行农业生产。齐河县秉持山水林田湖草沙一体化保护理念,按照自然生态的整体性、系统性及其内在规律,结合适宜性原则开展系统治理,使各类要素各得其所,相得益彰。耕地的开发利用必须与生态环境保护相协调,对土地后备资源潜力的挖掘也应当讲究实效,做到统筹兼顾、稳妥推进,保障生态环境的平衡。只有保障生态环境的健康、良好,才能保障和促进耕地的质量,避免耕地遭受水土流失、土质污染、土壤侵蚀等危害。因此,无论是对荒地进行开发、对闲散地进行再利用还是对废弃地进行复垦,都要遵循实事求是、生态环保的原则,先规划论证,在不破坏生态的前提下组织实施,实现土地综合开发利用的经济效益和环境效益的协调统一,促进社会、经济、生态可持续发展。

　　为保障耕地生态系统,齐河县建立完善全县耕地轮作休耕制度,推动用地与养地相结合,坚持轮作为主、休耕为辅的粮食生产模式,在确保国家粮食安全前提下,调整优化耕地轮作休耕规模和范围,重点在地下水超采区、生态严重退化区等开展休耕,促进耕地休养生息和可持续发展。在保护的同时也推动污染耕地治理,积极开展土壤污染状况调查,在全县的范围内建设优化土壤环境质量监测网络,强化部门合作,促进涉及耕地污染状况和耕地土壤质量类别划定方面的信息共享,摸清底数,建立统一台账,实现长期监测。实施耕地土壤环境质量分类管理,建立完善优先保护类、安全利用类和严格管控类耕地管理清单。分类分区开展污染耕地治理,对轻中度污染耕地采取农艺措施治理修复,加大安全利用技术推广力度。逐步开展林地、园地等其他农用地土壤环境质量类

别划定等工作,加强林地园地土壤环境管理。开展规模化养殖场
处理后沼液、处理后污水农业利用和种植灌溉定期检查和监测。
用养结合,处理好当前和长远的关系,用最严格的耕地保护制度和
节约集约用地制度,推进耕地用养结合和可持续利用,为后代留下
更多发展空间。

第二节　地力提升的技术手段及其本土化进程

我国国土面积辽阔,但无论是耕地数量还是质量上,我国的耕
地资源所面临的形势都非常严峻。存在耕地资源匮乏,整体质量
偏低、土壤退化和污染严重等问题。[1]《2022 中国生态环境状况公
报》显示,我国近 70% 的耕地为中低等地,耕地质量的退化对我国
粮食安全造成了威胁:在国家政策层面,党中央、国务院围绕地力
提升作出"实施污染耕地治理""健全耕地休耕轮作制度""健全耕
地数量、质量、生态'三位一体'保护制度体系"等战略部署。在农
户耕作层面,有机肥施用、秸秆还田等技术对于缓解耕地质量退化
至关重要。[2]

一、地力提升的重要性与技术手段介绍
地力提升是农业可持续发展的重要一环,它涉及提高土壤质

---

① 徐明岗、卢昌艾、张文菊等:《我国耕地质量状况与提升对策》,《中国农业资源与区划》
2016 年第 7 期。

② 辜香群、杨志海、张萌泽等:《耕地质量保护技术采纳的粮食产出及风险效应分析:组合
型采纳更有效吗》,《农业技术经济》,2024 年 1 月网络首发,DOI:10.13246/j.cnki.jae.20241108.
001。

量、增加农作物产量、保护土壤资源、减少对化学肥料和农药的依赖、促进土壤生态功能、适应气候变化以及实现可持续发展等方面。具有良好产出能力的高肥力土地于我国农业而言是十分宝贵的资源,粗放的耕地管理会带来极高的补救成本,按照科学的方法进行地力保护与提升,开展可持续性的农业活动是十分必要的。

　　地力提升可以通过提高土壤质量和肥力来增加农作物产量。第一,优质的土壤为作物提供了养分和水分,有利于作物的健康生长和发育。通过合理施肥、采用有机肥料和调整土壤 pH 值等措施,可以提高土壤的肥力,从而增加农作物的产量和品质。第二,地力提升有助于保护土壤资源,减少土壤退化和侵蚀的风险。土壤是重要的自然资源,但长期不合理的耕作和过度利用会导致土壤的贫瘠化、结构破坏和水土流失等问题。通过采取保持耕地的措施,如合理轮作、植被覆盖、防止过度耕作和水土保持措施等,可以减少土壤退化和侵蚀,保护土壤资源的可持续利用。第三,地力提升可以减少对化学肥料和农药的使用。在传统农业生产中,过度依赖化学肥料和农药会导致土壤污染和环境破坏。通过提高土壤质量和肥力,增加土壤中有机物的含量,可以减少对化学肥料的需求。同时,通过采用生物防治、生态农法和合理的灌溉管理等措施,可以减少农药的使用,降低对环境的污染风险。第四,地力提升有助于增强土壤生态功能。土壤是一个复杂的生态系统,其中包含着丰富的微生物、植物和动物等生物群落。通过提高土壤质量和养分含量,可以提高土壤中的有机物含量、提高土壤结构和通透性,从而促进土壤中的微生物活性和生物多样性。这些有益的微生物和生物群落对土壤健康和作物生长起着重要的作用。第五,地力提升可以帮助农作物更好地适应气候变化。气候变化对农业产生了重要影响,如干旱、洪涝、高温等极端天气条件的频发。通过改善土壤的保水能力和抗旱能力,可以提高农作物对干旱和高温的适应能力,减轻气候变化对农业的不利影响,增加农业系统的韧性和稳定性。

齐河县政府在地力提升上下狠功夫,通过在县域内大规模推进测土配方施肥、提高化肥利用率以及降低化肥使用量三个方面达到化肥的减量增效,巩固土地的肥力。为实现粮食安全、农村经济繁荣和社会稳定作出了重要贡献。

地力提升技术的主要目标是兼顾农业生产的经济效益和环境效益,最大限度地提高土地可持续利用能力。目前常用的地力提升方法主要有合理施肥、有机肥料的应用、轮作休闲、节水灌溉以及农民培训和科技支持。

(一)合理施肥

合理施肥是提升地力的关键措施之一。通过科学合理地进行施肥,可以为作物提供充足的养分,增加产量和品质。合理施肥的前提是需要进行土壤测试,了解土壤中各种养分的含量和 pH 值,从而确定合适的施肥方案。根据作物的需求,选择合适的有机肥料或化学肥料进行施用;同时,还需根据作物的不同生长阶段和土壤条件进行调整,避免因过量施肥而引起的浪费和环境污染。

为了增进对良田土壤的了解,齐河县政府紧抓土壤的采集化验工作,连续多年按照《山东省耕地质量等级调查评价工作实施方案》要求,全县安排耕地质量调查样点,开展取土化验工作。依据耕地面积平均 1 万亩耕地一个土样,齐河县确定取土化验 126 个。取样点位覆盖国家、省、市、县四级耕地质量长期定位监测点。

土样检测项目包括土壤 pH 值、有机质、全氮、有效磷、速效钾、缓效钾等,耕地质量监测土样还要加测水解性氮。选取 10% 的代表性样品(优先选择耕地质量监测土样)测定其中的微量元素(有效铜、有效锌、有效铁、有效锰、有效硼、有效钼、有效硫、有效硅等)。样品检测采取购买服务的方式,委托有资质的第三方机构进行检测。

在检验土壤后,结合三年内的土壤实验结果,齐河县政府会及时通过多种信息渠道发布小麦、玉米的施肥配方,将合理、科学的施肥模式尽可能地推广。2020 年在进行测土配方以及实验研究后,齐河县结合科学实验结果,在全县 978 个村务公开栏逐一张贴,实现技术全覆盖。2020 年 9 月上旬制定发布小麦肥料配方 2 个,就底肥和追肥的肥料配方和用量进行科学指导建议。大力推广增施有机肥、小麦氮肥后移、追肥深施、后期喷施叶面肥等先进技术。2020 年 5 月上旬,发布玉米施肥配方 2 个,推广种肥同播技术。三是统筹实施田间试验。试验内容主要包括小麦、玉米肥料利用率试验各一处、配方校正试验各一处、大白菜"2+X"肥效试验两处。全部试验委托德州学院资源环境与规划学院实施,极大地提高了区域内的化肥使用的科学性与合理性。

(二)有机肥料的应用

有机肥料的应用是地力提升的重要手段之一。有机肥料富含有机质,可以改善土壤结构,提高土壤保水能力和保肥性,增强土壤的肥力和生物活性。有学者以在山东省禹城市持续近 20 年的定位实验作为依据,对长期施用有机肥、无机肥、有机无机结合等不同施肥条件下的土壤养分演变进行了系统的分析与总结。结果表明,在同等施肥的情况下,有机肥不但在增加土壤有机营养、改善土壤有机质等方面有极其显著的作用,而且随着年限的增长,在增加土壤速效养分方面,有机肥的效果也逐渐超过了无机肥。①有机肥料还可以促进土壤微生物的繁殖和活动,增加土壤中的有益微生物群落,对土壤健康起到积极作用。基于此,在农业生产中,应鼓励合理利用农村生活垃圾、畜禽粪便和农作物秸秆等有机废弃物,制作有机肥料,并推广在农田中使用。

根据《德州市齐河县水安全保障规划》2020年数据测算,齐河县人均水资源量405立方米,比山东省人均298立方米的水平略高,但仍属于联合国认定的人均占有量小于500立方米的严重缺水地区,按耕地面积计算,亩均水资源占有量为206立方米,为全国平均水平的1/6。为实现节水灌溉,齐河县自2010年启动了小型农田水利重点县项目,总投资20284.69万元,修建河灌、渠灌区管道输水灌溉工程10.52万亩,井灌区管道输水灌溉工程10.61万吨,低温大棚固定式滴灌工程0.2万亩,自流灌区末级渠系和田间工程1.7万亩。

对有机肥料的使用,齐河县大力推行秸秆还田,示范区秸秆还田率100%。增施有机肥、生物菌肥等肥料,提高土壤肥力。推广应用配方精准施肥等技术,核心区测土配方施肥率100%。

(三)轮作休闲

轮作休闲是提升地力的有效方式之一。轮作是指不同作物在同一块田地上交替种植,以达到充分利用土壤养分、控制病虫害、

---

① 唐继伟、林治安、许建新等:《有机肥与无机肥在提高土壤肥力中的作用》,《中国土壤与肥料》2006年第3期。

减少土壤退化和提高产量的目的。通过合理选择作物间的轮作关系,可以破坏土壤病虫害的生命周期,减少土壤中的病虫害发生,并且可以使不同作物对土壤养分的需求有所差异,从而避免土壤养分过度耗损和单一作物连作带来的负面效应。齐河县实施冬小麦与玉米的轮作制度,并在玉米收割后借助秸秆还田的方式来提升地力。

(四)节水灌溉

节水灌溉是地力提升的重要手段之一。合理利用水资源,减少水的浪费,对提高农田的产量和水分利用效率至关重要。采用节水灌溉技术,如滴灌、喷灌和局部根系灌溉等,可以减少水的蒸发和径流损失,提高农田灌溉的效率。此外,通过合理调控灌溉时机和水量,结合土壤保水措施,如覆盖物和改善土壤结构等,可以进一步节约水资源,减少对地下水的开采。

(五)农民培训和科技支持

为了促进地力提升,还需要加强农民培训和科技支持。通过开展农技培训和推广示范,提高农民的科学种植水平和管理能力,使其能够正确应用地力提升技术,有效提高农田的产量和质量。同时,政府和相关部门应加大对地力提升的科研支持和政策倾斜,推动农业科技创新,为农民提供科技支持和技术指导,促进农业可持续发展。

在运用地力提升技术时,需要综合考虑当地的农业发展条件,并因地制宜地设计相应的地力提升方案,以确保取得有效的地力提升效果。

齐河县在发布小麦、玉米等作物的施肥配方后,都会组织农民培训。并在关键农时季节开展技术指导,落实关键技术和措施,提高技术到位率。齐河县每年组织县级技术培训 1 次,乡镇技术培训 2 次以上,使前期测土配方以保地力的研究成果从纸面走向地面,从理论走向现实。

二、齐河县的土壤禀赋

不同地区的土壤特性和气候条件对地力提升技术的适用性和效果有直接影响。例如,一些地区可能存在土壤盐碱化、沙化等问题,另一些地区则可能面临水土流失、土壤贫瘠等挑战。因此,在地力提升技术的选择和应用上,必须充分考虑当地的实际情况,结合当地的土壤特性、气候条件以及种植作物的需求,制定出科学合理的技术方案。只有这样,才能确保地力提升技术的有效性和可持续性,达到提高土壤质量、提高农作物产量和品质的目标。

采用地力提升技术,必须结合具体地方的土壤情况。齐河县地貌受黄河影响最大。黄河每一次决口及河道变迁,都使地面在不同程度上改变起伏,河系重构,土质更新。在黄河历次变迁之下,齐河县境内形成了西南高、东北低的地形,地力分布并不均匀。

新中国成立初期,齐河县当地的整地方法主要为旧式犁耕和刨地。以人力、畜力为主。犁耕层浅,刨地费工费时。20 世纪 50 年代开始首先推广新式步犁和双轮双铧犁等改良农具,耕层较旧犁加深 3—7 厘米,比用旧式犁浅耕的增产小麦 20% 以上。1950 年后期建立国营拖拉机站,开始为农业生产合作社代耕,但面积较小,20世纪60年代后机耕面积逐年扩大。1979年麦田机耕面积占小麦播种面积的70.2%。[①] 但机耙配套不足,影响整地质量。随着农村经济体制的改革,20世纪80年代出现了农民联户合作和个体经营农业机械的农机专业户,机耕面积逐年扩大,并且实行复合作业,整地质量提高。20世纪90年代小麦机耕面积占麦田面积的92.5%。[②] 进入21世纪,小麦全部实现了机耕,但以旋耕为主,深耕面积插花进行。

齐河县土壤由于组成耕层土壤矿物质的性质和大小颗粒的配合比例不同,从而形成了沙、壤、黏等不同的耕层质地。根据质地分级标准,县内土壤质地分为五种,即沙土(紧沙土)、沙壤土(白沙土)、轻壤土(白土)、中壤土(两合土)、重壤土(小红土)。

沙土主要分布在表白寺、安头等乡镇的冲积扇形地上。全县面积1.51万亩,占可利用土地面积总数的1.08%。沙土土质疏松,土粒间隙大,通气透水能力强,易于耕作。但总空隙较小,仅为46%,土壤容量大于每立方厘米1.42克。因通透性好,有利于微生物活动,有机质分解快,养分释放强度高,但漏水漏肥,在所有土壤中养分含量最低。该种土壤蓄水能力差,水分蒸发快,往往造成失墒,不利于种子发芽和幼苗出土。

沙壤土主要分布在表白寺、安头、晏城等乡镇,沿黄一带也有较大面积分布。全县12.77万亩,占可利用土地面积总数的9.12%。沙壤土含沙量仍然较多,质地偏轻,具有沙土的一般特点,但黏性比沙土稍高,物理性状较沙土好。土壤容量为每立方厘

---

① 山东省齐河县地方史志编纂委员会:《齐河县志(1996—2008)》,中华书局2010年版。
② 山东省齐河县地方史志编纂委员会:《齐河县志(1996—2008)》,中华书局2010年版。

米 1.39 克,总空隙度 48%,主管空隙度 35.5%。土壤黏性差,易板结。因含黏粒较少,保肥力低。

轻壤土主要分布在安头、晏城、祝阿、潘店等乡镇的二坡地上。全县 66.22 万亩,占可利用土地面积总数的 47.3%。轻壤土黏粒含量较以上两种土壤多,结构性能好,水、气、热比较协调,适宜种植多种作物。土壤容量每立方厘米 1.36 克,总空隙度 49%,保肥性能好,土壤肥力较高,是较好的土壤质地。但雨后和灌水后易造成板结,易出现次生盐渍化。

中壤土主要分布在沿黄的赵官、胡官屯、焦庙、仁里集、晏城等乡镇,全县面积 43.36 万亩,占可利用土地面积总数的 32.4%。中壤土沙黏比例适当,土壤结构性能、农业生产性能、物理性能和土壤耕性良好。水、气、热比较协调,土壤肥力水平较高,能较好地满足作物对土壤水肥的要求,是较肥沃的土壤。

重壤土主要分布在地势低洼、水位偏高的浅平洼地及背河槽状洼地上。大黄洼及仁里集以北、潘店以南、胡官屯西北一带多为此类土壤。全县面积 14.14 万亩,占可利用土地面积总数的 10.1%。重壤土质地偏黏,黏结性强,湿胀性大。湿时泥泞,干时坚硬,耕地困难,适耕期短,耕后易起坷垃。总空隙度为 48.4%,但无效空隙较多,保水保肥能力强,养分易于积累,潜在养分高。但因通透性差,养分释放慢,有效养分含量较少。该种质地土壤保水能力较强,土温上升慢,早春土性凉,不利于种子发芽和幼苗出土,但有利于作物中后期生长。①

---

① 山东省齐河县地方史志编纂委员会:《齐河县志(1996—2008)》,中华书局 2010 年版。

第三节 地力提升技术向小农户扩散

一、有机肥施用技术向农户推广的难点

有机肥和化肥是两种常见的农业肥料。有机肥和化肥在成分、来源和对土壤的影响等方面存在明显的区别。国家大力推行有机肥主要是出于环境保护、资源循环利用、提高土壤质量和保障农产品质量安全等多重考虑。

地力提升技术对提高土壤肥力、增加农作物产量和改善农产品品质具有重要作用,但在向农户推广过程中可能会面临一些阻力。如果政策支持不够、服务体系不健全或者缺乏专业的技术指导,都可能成为阻碍地力提升技术普及的障碍。因此,在推广地力提升技术时,需要综合考虑农户的实际情况和需求,采取有效的措施,如提供技术培训、政策扶持和金融服务等,以降低农户的接受门槛,加快地力提升技术的普及和应用。

(一)农户对施用有机肥的认知障碍

农户存在"多施肥"的误区,习惯于增加化肥施用量来提高亩均粮食产量。因此,推广有机肥的过程中,会面临一系列挑战和困难。一些农民和从业人员根深蒂固地依赖化学肥料,并对有机肥缺乏认知和接受度。这种传统观念和习惯阻碍了有机肥的推广。过度或不当地使用化肥可能会对土壤和环境造成负面影响。一是土壤污染风险。当使用化肥过量或者不合理时,养分的过剩会累积在土壤中形成养分堆积,导致土壤酸化、养分失衡和水源污染等

问题。此外,一些化肥中还含有重金属和其他有害物质,这些有害物质可能会被土壤吸收并随着植物进入食物链,对人类和生态系统造成危害。二是过量的化肥使用也可能会破坏土壤结构。长期大量使用化肥会导致土壤团粒结构松散,土壤保水能力下降,容易发生水土流失和干旱等问题。

为了平衡化肥对地力提升的影响,需要采取合理的管理措施来规范农业生产过程。首先应该合理施肥,根据土壤养分含量和作物需求,科学合理地确定施肥量和施肥时间,避免过量施肥造成养分浪费和环境污染;其次选择适合土壤类型和作物需求的肥料类型,尽量减少对土壤和环境的不利影响,可以考虑有机肥和生物有机肥等替代品,优化肥料选择。最后可以通过采取合理轮作、覆盖物覆盖、植物间作等土壤保护措施,保持土壤结构的稳定性和有机质含量,降低对化肥的依赖,并提高农田的长期肥力和抗逆性。

(二)农户施用有机肥的技术障碍和经济障碍

有机肥的生产和使用技术较为复杂,需要农民具备一定的专业知识和技能。有机肥增施的方式有多种,具体选择方法应根据作物和土壤情况来决定。常见的有机肥增施方式包括散布、翻压、施基肥沟、施穴肥、间作施肥和水肥一体化。散布是将有机肥均匀地撒在耕地表面,并与土壤混合;翻压是将有机肥与土壤混合后,通过翻耕机或旋耕机深耕入土中,以提高土壤的有机质含量和改善结构;施基肥沟是挖沟或开槽,将有机肥放入基肥沟中,然后将土壤覆盖上去;施穴肥是在种植孔或移栽孔中加入有机肥,以增加营养供应,提高土壤肥力;间作施肥是在休闲期间使用有机肥轮作,以增加土壤有机质含量和肥力,提高下一季作物的产量和品质;水肥一体化是将有机肥和化肥混合后,通过灌溉水一起施肥,既能减少化肥的使用量和环境污染风险,还能增加土壤中的微生物数量和有机质含量。有机肥增施需要根据具体情况选择合适的有机肥增施方式,以达到最佳的施肥效果。

然而,农民受教育水平参差不齐,缺乏相关培训和指导资源;有机肥的价格通常较化学肥料高,这对农民来说可能是一个重要的考虑因素。如果有机肥的价格过高,会限制其在市场上的竞争力,降低农民使用的积极性。为了解决这一问题,政府可以出台财政和税收政策,降低有机肥生产成本和销售价格。同时,提供补贴和奖励计划,鼓励农民使用有机肥。目前,消费者对有机产品的需求相对较小,无法形成较大规模的市场需求。这会影响有机肥的销售和推广,影响农民使用的动力。

因为肥料的质量在使用过程中具有滞后性,普通农民难以辨别。在有机肥市场构建过程中,难点在于制定有机肥生产标准,并加强对有机肥生产企业的监管和管理,确保有机肥生产的合法性和质量,加强有机肥生产的标准化和规范化;建立有机肥品牌和认证体系,让消费者更加信任和认可有机肥,从而促进有机肥消费的增长;此外,通过各种形式的宣传和推广活动,让更多人了解和认识有机肥的优势和使用方法,建立健全的有机肥销售渠道和推广网络;同时,政府需支持有机农业的发展。政府可以出台相关政策和措施,鼓励和支持大力发展有机农业,提高有机农产品的市场竞争力,从而带动有机肥市场的发展,加强有机肥生产企业之间的协作,提高有机肥生产的效率和质量,并开展有机肥的研究和开发工作,不断提高有机肥的使用价值。

（三）农户的分散和流动从根本上影响有机肥施用技术采纳

小农家庭的经营占据了我国农业经营主体的绝对多数。但是，我国小农家庭经营的面积却比日韩两国的经营面积还要小。这是思考我国农业问题的一大前提。齐河县在农业经营主体的构成上并不特殊，大多数农地也是小农户在进行经营。

小农的家庭经营具有其特别的优势，也有着显著的不足。其优势主要集中在精耕细作的耕作模式上，不同于集体农业和雇工农业，小农家庭经营主要使用自有劳动力。由于家庭拥有完全的剩余索取权，因此，其在经营过程中几乎在每个环节上都会进行非常精细的管理，甚至是不计成本的投入。精耕细作的直接后果便是土地产出率较高而劳动生产率较低。有学者指出，当前我国小农家庭经营的亩产比家庭农场、种粮大户与工商企业等新型农业主体的亩产都要高。①

但小农经营的不足也十分明显，由于自身经营规模较小，其与社会化服务对接困难。在我国，小农家庭经营的面积一般都在 10 亩以内，而且农户之间都是分散经营。无论是公益性的政府服务部门还是经营性的市场服务主体都很难与其对接。分散的农户虽然会自发进行一定程度的整合，但无法实现规模化的种植②，难以对接规模偏好的现代农业技术。

以分散和流动为基本特征的小农户，在农村地区的土地通常以家庭或个体为单位分配，每个农户拥有的土地面积有限。因此，

---

① 孙新华：《农业经营主体：类型比较与路径选择——以全员生产效率为中心》，《经济与管理研究》2013 年第 12 期。

② 杜鹏：《社会性小农：小农经济发展的社会基础——基于江汉平原农业发展的启示》，《农业经济问题》2017 年第 1 期。

农户被迫分散在不同的地区进行农业生产以充分利用可用的土地资源,这样就形成了细碎化的耕地分布局面,因为地块分散,所以其生产效率较低。全国大部分农村地区农户的承包地都是插花分布的,一般都有三五块,有的甚至在十块以上。耕地的细碎化不仅增加了农户的劳动强度和生产成本,而且限制了农业机械化的应用和提高。①

齐河县政府在了解本地农业的禀赋的前提下,通过开展调研和交流活动,深入了解农民的需求、关注他们的权益。采用了由全量化秸秆还田、测土配方精确施肥两大基本项目组成的适宜本地情况的地力提升技术方案。

二、秸秆还田方案的全面推广

秸秆还田作为一种重要的有机肥料来源,能够有效地改善土壤结构,增强土壤的保水保肥能力。通过秸秆的分解,可以增加土壤有机质含量,提高土壤肥力,从而促进作物生长。此外,秸秆还田还有助于减少化肥的使用量,减轻化肥对土壤和环境的污染压力,实现农业可持续发展。因此,在地力提升工作中,应大力推广秸秆还田技术,通过科学合理的量化管理,充分发挥秸秆还田在地力提升中的重要作用。

(一)全量化秸秆还田的主要做法

秸秆还田是利用秸秆的一种有效方式。大量试验表明,秸秆还田会对土壤产生多种作用:能改善土壤物理性状,降低土壤容

———————

① 王海娟:《农地调整的效率逻辑及其制度变革启示——以湖北沙洋县农地调整实践为例》,《南京农业大学学报(社会科学版)》2016 年第 5 期。

重,增加孔隙度;能增加土壤微生物数量,增强生物和多数酶的活性;增加土壤有机质积累和养分含量,能改变土壤腐殖质组成及特性;影响作物生长发育,促进作物产量提高。其中,秸秆覆盖还田还具有蓄水保墒、调节地温和保持水土、抑制田间杂草等功能。总之,秸秆还田对农田具有良好的生态效应。①

为了综合提升地力,齐河县科学地采取了全量化推行秸秆还田的技术方案。主要做法包括:第一,深入调查研究,科学编制方案。组织农技人员深入村户和田间,对全县秸秆还田情况进行了调查。制定技术方案,实施"机械化收获+精细化还田+撒施秸秆腐熟剂+增施尿素+深耕作业+旋耕作业"秸秆精细化全量还田技术路线,明确工作目标任务。

第二,严格规范操作,扎实推进实施。严格落实技术路线,做到"五抓五到位":一抓机械化收获,保证秸秆粉碎率到位。玉米成熟后全部使用带秸秆粉碎装置的联合收割机收获,确保秸秆粉碎率达到100%。二抓秸秆规范处理,保证精细化还田到位。玉米秸秆粉碎长度均在5厘米左右,均匀抛撒覆盖地表。三抓撒施秸秆腐熟剂,保证腐熟分解秸秆到位。玉米秸秆粉碎后,每亩均匀撒施4千克秸秆腐熟剂,缩短秸秆腐熟时间。四抓增施尿素,保证培肥地力到位。麦田亩施45%的配方肥40千克,为调节秸秆碳氮比,每亩地增施尿素5千克。五抓深耕旋耕作业,保证耕作质量到位。使用大马力机械深耕,深度达到30厘米以上,使粉碎的玉米秸秆、腐熟剂、尿素与土壤充分混合,然后使用旋耕机破垡、平整土地。

---

① 江永红、宇振荣、马永良:《秸秆还田对农田生态系统及作物生长的影响》,《土壤通报》2001年第5期。

第三,强化组织领导,严格落实责任制。成立了由县长任组长、分管农业的副县长任副组长,农业、财政、农机等部门及各乡镇(街道)主要负责人为成员的秸秆综合利用工作领导小组,多次召开秸秆综合利用工作会议和调度会议,对秸秆精细化还田工作进行全面部署和重点调度。各乡镇严格按照县里统一部署,成立专门机构,按照属地管理原则,划分责任区域,细化分工、责任到人。同时,成立由县、乡农技人员组成的技术指导小组,负责技术路线及技术方案的制定、培训指导和技术验收工作。实行县级技术人员包乡镇、乡镇技术人员包村、村级技术员包地块责任制,形成了上下贯通的县、乡、村三级技术服务网络,确保秸秆精细化还田技术覆盖率达到100%。

(二)全量化秸秆还田的成效

一项技术能不能被老百姓所接受,根本就是要看这项技术是否能给农民带来实惠。金碑银碑不如老百姓口碑,秸秆精细化全量还田技术形成了可持续、可复制、可推广的"齐河模式"。2017年4月27日,《农业部办公厅关于推介发布秸秆农用十大模式的通知》发布,齐河县总结提炼的《黄淮海地区麦秸覆盖玉米秸旋耕还田模式》成功入选秸秆农用十大模式,向全国推介发布。

秸秆还田项目推行的最大阻碍是容易导致土壤板结,因此受到农民抗拒,解决这一问题有两条途径,第一是添加玉米秸秆腐熟剂,第二是配合深耕深松技术。

齐河县通过一系列的秸秆还田举措,在农业生产各个方面都取得了显著成效,主要表现为:

第一,培肥了地力。加大土壤库容量,增强土壤供蓄肥水能力,促进根系在土壤中的空间分布更加合理。通过实施秸秆精细化全量还田,配施尿素、有机物料腐熟剂,增加土壤有益微生物菌群,土壤生物和微生物活性增强,有利于土壤中养分的激活转化利用。2018年,全县农作物秸秆综合利用率达到95.02%,比全省平均水平高出5%,土壤有机质含量每年提升0.1个百分点。2023年,全县秸秆综合利用率达到97%,经过多年改造和提升,尤其是持续20年的秸秆还田,目前核心区的土壤有机质含量达到19.1%。

第二,实现苗全苗齐苗匀苗壮。通过秸秆精细化全量还田,培肥土壤肥力,深层湿土翻到地表,底墒足口墒好,满足小麦出苗条件,达到"苗全苗齐苗匀苗壮"的四苗要求。个体发育健壮,群体大小适宜,搭好丰产架子,根深叶茂株健,穗大粒饱优质。

第三,减少了病虫草害。秸秆粉碎长度由原来的15厘米变成现在的5厘米左右,使秸秆上的大部分残虫因机械损伤而死亡,减少了虫口基数。秸秆腐熟,也有利于减少病虫基数。

第四,增强了抗逆性。秸秆还田深耕作业促进作物根系下扎,植株个体生长健壮,抗旱抗倒伏能力显著增强。

第五,降低了播种量。通过精细化秸秆还田和深耕作业,每公顷节约用种37.5千克左右。

第六,改善了土壤结构。深耕打破犁底层,将粉碎的秸秆翻埋地下,增强土壤通透性,比对照秸秆不还田地块土壤容重降低了0.11—0.21克/立方厘米,使用腐熟剂增加土壤有益菌群,促进秸秆腐熟进度,利于蚯蚓等土壤生物生长繁殖,加速土壤团粒结构的形成。

第七。生态环境得到了提升。全县秸秆还田率达到95%,基本杜绝了秸秆露天焚烧问题,农村生态环境得到有效改善,取得了良好的经济效益、社会效益和生态效益。

第八,带动了农业社会化服务。全县近百家农机合作社参与到秸秆精细化还田作业中,既壮大了合作组织能力,又促进了其运营管理能力有效提升。

三、测土配方精准施肥技术的迅速扩散

齐河县在 20 世纪 70 年代以前,由于农村经济落后,生产条件低下,农业投入不足,土壤中各种营养元素均处于匮乏状态,配方施肥无从谈起。1979 年后,随着家庭联产承包责任制的普遍实行,农村经济发展迅速,农业投入不断增加,农田化肥用量持续猛增。由于群众盲目追求高产和攀比从众心理,化肥大量不合理地使用,不仅造成了浪费,而且招致土壤板结和环境面源污染。

1980 年开展土壤普查结果显示,县内土壤有机质含量较低,普遍缺氮,严重缺磷,部分缺钾,较大面积缺锌和硼,为配方施肥工作提供了基础依据。根据土壤普查的土壤养分分析结果,提出了"增加有机肥,增施磷肥,控施氮肥,补施微肥"的土壤施肥策略,从 1983 年开始推广配方施肥技术。在全县按照不同土壤类型、不同地力水平、不同作物类别设立长期土壤肥力监测点 40 余个,监测土壤肥力的现状和消长情况。并根据监测数据,在春、夏播和秋种时提出作物全程的配方施肥意见,配方施肥成为农作物栽培主推技术之一,年推广面积均在 40 万亩(次)以上。20 世纪 90 年代中期,推广配方施肥技术,在合理使用氮、磷、钾肥料的同时,注重锌、硼、锰、钼等中微量元素肥料配合施用。

进入 21 世纪,配方肥和专用肥逐步推广。测土配方施肥项目是财政部、农业农村部下达的项目,2007 年,齐河县被列为国家测

土配方施肥项目县,分4年实施,总投资230万元。建立了功能齐全、设备完善的土壤肥料化验室。2007—2010年共采集土壤样本6619个、植株样本200个,进行养分含量的测定。根据作物需肥规律、土壤供肥能力和肥料效应,制定氮磷钾和中、微量元素肥料的配比及施用方法,指导农民施肥。

结合土壤化验结果和3414试验、肥效对比试验结果,2007—2010年每年结合当年土壤肥力状况,制订分不同土壤类型和高、中、低产田,指导全县生产的小麦施肥配方5个,玉米施肥配方6个。根据区域性(村、户)土壤肥化验结果,累计制订配方施肥方案6100余个。初步建立了小麦、玉米、棉花等主要农作物的施肥指标体系。

测土配方方案实现了投入品源头减量。2023年测土配方施肥技术推广覆盖率达到95%,全县肥料利用率达38.5%,单位耕地面积化肥使用量较上年下降8.6%,单位耕地面积农药使用量较2015年下降9%。

2023年齐河县在巩固提升测土配方施肥基础上,完成肥料效应、化肥利用率等田间试验4个,农户施肥调查100户。更新完善肥料配方,推广应用智能化推荐施肥专家系统,全县测土配方施肥技术推广面积230万亩次以上,技术覆盖率保持在90%。推进施肥新技术新产品新机具集成配套,打造2.8万亩"三新"集成配套示范区。

一是开展田间试验。开展夏玉米肥料利用率试验1处,新型肥料1处;小麦有机肥替代化肥试验1处,"新技术、新产品、新机具"(三新)配套技术示范1处。

二是调查施肥状况。综合齐河县种植制度、耕地质量和施肥管理水平等,选择县域内种植面积占比最高的 5 种作物(即玉米、小麦、番茄、大蒜、黄瓜)开展施肥调查,并按面积比例确定调查数量。齐河县调查各类种植主体 100 户左右,其中,小麦、玉米 93 户,番茄 3 户,大蒜 2 户,黄瓜 2 户,10 亩以下普通种植户占比 20%,各类新型经营主体占比 80%。调查对象选择既要体现代表性,又要兼顾长期性,一经选定,便登记造册,连续跟踪调查。调查数据利用"施肥监测通"小程序或 PC 端登录信息系统填报,并按照规范要求构建施肥数据库。

三是开展"三新"配套技术示范。在粮食生产功能区,"吨半粮"创建区,以规模化经营主体为依托,选择基础条件优、产业代表性强,"三新"技术推广基础较好的区域,因地制宜选择轻简化施肥、测土施肥等新技术,配方肥、缓控释肥、水溶肥等新产品,种肥同播机、喷肥无人机、水肥一体化等新机具,强化机艺融合、技物结合、物械配合,构建集成配套技术模式,组织示范推广,建立"三新"技术示范区。采用新机具喷肥无人机,在小麦起身期和灌浆期喷施符合国家标准的大量元素水溶肥。实施农企对接直供新服务,构建集成配套技术模式,组织示范推广。建立小麦 2.8 万亩"三新"技术示范区,在显眼位置设置标牌,突出展示主要技术内容和预期效果。通过印发技术模式资料、培训规模经营主体、召开现场观摩会等方式大力推广应用"三新"配套技术模式,促进化肥减量增效。

四是深化普及测土配方施肥技术。具体措施包括:制定发布配方。分析整理齐河县最新的土壤测试、田间试验等基础数据,摸清土壤养分变化和作物养分吸收规律,制定发布小麦、玉米基肥配方,指导农民按需选购。强化技术培训。在主要作物施肥关键时期,开展系列科学施肥技术培训,将种植大户、经营主体、科技带头户均纳入培训对象,按需培训。印发技术资料。以作物为主线,针对不同土壤养分状况和目标产量,集成施肥配方、肥料品种以及施肥时期、方法、用量等技术形成施肥技术明白纸,做到张贴到村、发放到村和肥料经销网点,普通农户就近自由索取。通过以上措施,送技术到村到店到户,强化配方肥供应,畅通技术推广"最后一公里",确保测土配方施肥技术覆盖率稳定在90%以上。

第四章　高标准农田建设的实践机制

高标准农田建设是一项旨在提高农田产出能力和资源利用效率的战略举措,涵盖了土地整治、水资源调配、施肥技术、种植结构优化等方面。通过高标准农田建设,可以优化耕地的物理结构和土壤质量,提高农作物的水分和养分利用效率,进而实现更高的产量和更好的品质。① 大力推进高标准农田建设,是稳步提高农业综合生产能力、保障国家粮食长久安全的物质基础,是发展现代农业、建设社会主义新农村的现实要求,是公共财政支持"三农"工作的重要战略举措,是提高农业整体效益的重要手段,也是新时期农业综合开发的重要历史使命。

在齐河县高标准农田建设的实践中,各级政府、国有企业和社会资本等多元主体都发挥着重要作用。首先,各级党委政府在农田建设中扮演着领导者与组织者的核心角色,建立了行之有效的高标准农田建设管理体制。其次,地方国有企业成为农田水利建设项目的重要的担纲者,在实践中摸索出一套建管结合的经验模

---

① 钱龙、杨光、钟钰:《有土斯有粮:高标准农田建设提高了粮食单产吗?》,《南京农业大学学报(社会科学版)》2024 年第 1 期。

式。最后,引入社会资本力量为农田水利建设的公共品项目注入新的活力,促进高标准农田建设工程中行政属性、社会属性与市场属性的有机融合。在多元行动主体与多种实践机制的共同作用下,齐河县的高标准农田建设卓有成效。2021 年,齐河县建成高标准农田 8 万亩,全国农田建设工作现场会在齐河县召开,齐河县入选山东省高标准农田整县推进示范县。预计到 2024 年完成 47.89 万亩高标准农田建设任务。2022 年,投资 3.9 亿元建设高标准农田 20.3 万亩,2023 年再建成 19.6 万亩后,将实现高标准农田全覆盖。

本章第一节主要从政府的公共品供给和组织机制入手,强调政府在高标准农田建设中承担的责任。政府需要提供必要的公共品,如土地、水利设施等,以确保农田建设的顺利进行。同时,政府还需要建立有效的组织机制,包括相关部门的协调合作和信息共享,以提高高标准农田建设的效率。第二节介绍了由国有企业实施农田水利建设项目的优势和挑战,并联系多地经验做总结提炼。一方面,引入国有企业可以提高投资效益,在保证施工质量的同时增强项目管理和监督;另一方面,国有企业在农田建设过程中的运营能力和监管机制仍需加强。第三节介绍了引入社会资本的创新试点,包括项目方案、运行保障机制、群众工作等内容。引入社会资本可以丰富农田建设的资金来源,提高项目的可持续性。同时,需要建立有效的运行保障机制,并保持与群众的良好互动,以确保项目的顺利进行。

第一节　政府在农田建设中的公共品
供给与组织作用

公共品的供给充足与否和组织机制的健全与否直接影响到高标准农田建设的质量。公共品指的是对整个社会或社区具有普遍需求和共享性质的物品或服务，如土地、水利设施等。在实践中，政府承担着公共品供给的主要责任。此外，政府还要主导建立合理有效的组织机制，包括相关部门的协调合作和信息共享。这些良好的组织机制，可以加强各部门之间的沟通与协调，避免重复投入和资源浪费，由此确保高标准农田建设的质量与效率，促进农业的可持续发展。

通过提供必要的公共品，政府能够填补市场和个体农户的不足，促进农田建设的高效推进。同时，有效的组织机制能够协调各方合作，保障项目的有序进行和质量的有效控制。政府在这一过程中的积极参与，不仅有助于实现县域高标准农田建设项目的顺利推进，还能够为农村地区的可持续发展和现代化提供有力支持。

一、承担公共品供给责任

在现代社会中，政府承担公共品供给责任，以满足社会的基本需求，促进社会的全面发展。公共品供给责任是指政府必须在市场无法充分提供或分配不公平的情况下，以公平、公正、合理的原则，向社会提供一系列的公共品或服务。这些公共品不仅对个体有益，更对整个社会具有积极影响。政府通过提供公共品，能够促进资源的合理配置,减少市场失灵造成的社会经济不平等。

政府在公共品供给中的责任与介入行为可以从多个理论角度得到解释:

第一是市场失灵与公共产品的关系视角。[①] 政府承担公共品供给责任的根本动因之一,源于市场在某些情况下可能失灵,无法充分提供或分配公共产品的现象。公共产品具有非竞争性和非排他性的特征[②],一人的使用不会减少其他人的使用,也无法将某些人排除在外。这种性质导致市场难以为公共产品提供充分的供给,因为私人部门无法在提供公共产品时实现充分的市场收益。公共产品的典型例子包括清洁空气、环境保护、基础教育、公共卫生等。

第二是社会公平与社会福利的视角。政府承担公共品供给责任还体现了其对社会公平和福利最大化的追求。公共产品的供给能够减少社会内部的不平等,确保每个人都能平等地分享基本服务和福利。这符合社会正义原则,有助于缩小贫富差距,促进社会的稳定和谐。以基础教育为例,教育被视为一种公共产品,它不仅有助于个体的人力资本积累,也为整个社会培养人才和提升人口素质。政府在教育领域的投入,能够确保每个孩子都有平等的机会接受优质的教育,不受家庭背景的影响。这不仅有助于实现社会公平,还有助于提高整体社会福利。

第三是外部性影响与长期战略目标的视角。[③] 政府承担公共品供给责任还反映了其在外部性管理和长期战略目标方面的角

---

① Stiglitz J. E., "Markets, Market Failures, and Development", *The American Economic Review*, Vol. 79, No. 2, 1989, pp. 197-203.

② 约翰·斯图尔特·密尔:《政治经济学原理》,华夏出版社 2009 年版。

③ Pigou A., *The Economics of Welfare*, New York: Routledge, 2017.

色。外部性是指个体的行为会对其他人产生影响,而市场往往难以捕捉和合理管理这些影响。政府通过提供公共产品,能够在一定程度上调整和管理外部性,从而促进社会整体利益。在环境保护领域,政府的公共品供给责任体现在通过环保法规、监测体系和污染治理措施,减少企业生产活动对环境的负面外部性影响。政府的介入有助于实现环境可持续发展,维护生态平衡,为后代创造良好的生活环境。

综上所述,政府的公共品供给责任是确保社会整体福祉的关键一环。政府承担公共品供给责任的实践意义在于维护社会稳定与可持续发展。公共产品的供给能够平衡市场机制的局限性,减少资源分配不均和社会冲突的可能性。这有助于保持社会秩序,维护社会的稳定性。在农田建设项目中,政府的公共品供给责任体现在为农田建设提供必要的土地规划、农业技术培训、水资源管理等服务。这些服务与资源不仅有助于提高农田生产效益,还能推动农村地区的可持续发展。

当然,政府在履行公共品供给责任时也需要克服一系列的挑战,包括财政资源的合理利用、公平透明的供给机制的建立以及有效的监督管理体系的构建。政府应当在确保社会整体利益的前提下,积极履行公共品供给责任,为社会的繁荣与进步提供有力支持。

二、县级政府组织农田建设的路径方式

高标准农田建设是一项系统工程,它要求在土地整理、水利设施建设、田间道路修建以及生态环境保护等多个方面达到高标准。县级政府有对本地资源配置和政策执行的直接责任,能够有效整

合地方资源,统筹规划,并根据当地的自然条件、经济发展水平和农民需求,制定出符合实际的高标准农田建设方案。因此,县级政府的有效组织不仅是项目成功的保障,更是推动地方经济社会发展的重要抓手。

(一)政府如何确立有效组织机制

确立有效组织机制的首要步骤是明确项目的目标和范围。项目目标的明确性对指导整个项目实施具有重要作用。项目范围的确定则有助于明晰项目所涉及的各个方面,从而能够更准确地确定所需资源、制定策略和安排工作计划。以县域高标准农田建设项目为例,政府需要明确该项目的目标,包括提高农田产出、提高农民生活质量或推动农业可持续发展等,同时界定项目范围,包括土地利用规划、水资源管理、农业技术培训等方面。

在项目启动阶段,政府需要根据项目的规模、复杂程度以及参与部门的多样性,确定适宜的组织结构和明晰的职责分工。项目的成功执行需要明确项目负责人、项目管理团队、执行人员等各个角色的职责。在县域高标准农田建设项目中,政府可以设立专门的项目管理办公室,由专业人员负责协调、执行和监督,同时明确相关部门在项目中的职责,以确保各项工作有序推进。

组织机制的建立必须伴随着高效的沟通与协调机制。政府需要建立跨部门、跨层级的信息交流渠道,以确保项目各方之间的信息畅通和共享。沟通机制不仅包括内部各部门之间的沟通,还需要与项目参与方、利益相关者开展有效沟通。协调机制旨在解决因不同部门职能不同、利益不同而可能引发的合作问题。政府可以通过定期召开工作会议、建立项目管理信息系统等方式,确保各方都能够清晰了解项目的进展和需要。

　　资源的合理配置是项目成功实施的基础。政府需要根据项目的需求和优先级,合理配置财政资金、人力资源、物资等各类资源。在县域高标准农田建设项目中,政府可以根据不同阶段的工作重点,优先保障农田改良所需的经费和技术支持,在确保基础设施建设、农业技术培训等方面进行适当的资源配置。此外,政府还需要建立项目预算的监督和管理机制,确保资源的合理使用和监督。

　　明确的时间计划是项目推进的有力指引。政府需要制订详细的时间计划,将项目分解为不同的阶段和任务,并明确各项任务的时间节点。同时,政府还需要建立监督机制,跟踪项目的进度,及时发现问题和偏差,并采取相应的调整措施。在县域高标准农田建设项目中,政府可以制定农田改良的时间表,明确不同地区和季节的工作安排,通过定期的进度评估和比对,保障项目的阶段性推进。

　　项目的评估与反馈机制有助于及时发现问题、总结经验,并对项目的实施效果进行客观评价。政府需要在项目实施过程中,建立定期的评估机制,对项目的进展、质量和效果进行评价。同时,政府还应该积极采纳外部专家的意见和建议,以确保评估的客观性和权威性。在县域高标准农田建设项目中,政府可以邀请农业专家、环境保护机构等进行评估,从农田生产效益、生态环境保护等多个角度评价项目的实施成效,为今后类似项目提供有益的借鉴。

　　政府在确立组织机制时,应当充分考虑项目的特点和需求,灵活运用各种管理工具和方法,以适应不同项目的要求。同时,政府在项目实施过程中应注重持续地监测和改进,及时根据评估结果进行调整和优化,以确保项目能够持续地朝着既定目标前进。

综上所述,政府确立有效的组织机制是项目成功实施的基础和保障。通过明确项目目标和范围、建立合理的组织结构和职责、建立高效的沟通与协调机制、科学配置资源、制订详细的时间计划、建立监督和评估机制,政府能够更好地引导和管理项目,取得更为显著的成果。这不仅有助于提升政府的执行力和管理水平,还为未来各项重要事业的推进提供了有益的经验和指导。同时,需要注意的是,政府在确立有效组织机制时还会面临一些挑战。项目涉及的多样性、复杂性以及参与部门的众多性可能导致组织机制的设计和执行过程中出现困难。此外,资源的有限性、利益相关者的多样性等也可能对组织机制的有效性构成威胁。因此,政府需要不断加强组织机制的研究和改进,积极探索适合不同项目的最佳实践,从而更好地推动各项事业的发展。

(二)县域农田建设中的政府角色

政府在农田建设领域的角色已经逐渐从传统的"管理者"演变为"推动者"和"协调者"[1],其影响力越发显著,深刻地影响着县域高标准农田建设的实施和质量保障。政府的作用涵盖了资源分配、项目管理、技术支持、监督评估、政策制定和法律支持等多个方面。通过合理的资源配置,政府可以为项目提供所需的资金、土地和技术等资源,推动项目的顺利进行。

首先,政府要承担公共品供给责任,在县域高标准农田建设中具有关键作用。在农田建设中,公共品的供给涵盖了基础设施、技

---

[1] 郭珍、曾悦:《县级政府农业基础设施供给行为优化与绩效提升机制——以高标准农田建设为例》,《西北农林科技大学学报(社会科学版)》2023年第6期。

术支持、环境保护等多个方面。政府作为公共资源的管理者,有责任为项目提供资金、土地、技术等各类资源,以保障项目的顺利进行。政府的资金投入可以弥补市场在基础设施建设方面的不足,确保项目得到必要的资金支持。此外,政府的技术支持也是不可或缺的,通过引入先进的农业技术,提高农田的产出和质量,实现农田建设的可持续发展。

其次,政府在项目管理和组织机制方面的作用同样不容忽视。县域高标准农田建设项目往往涉及多个部门、利益相关者和技术专家,需要协调各方资源,统一规划。政府可以通过设立专门的项目管理机构或委员会,负责项目的整体协调与管理。这种机构可以扮演信息传递、决策协调和问题解决的角色,促进项目各方的合作和沟通,防止信息不对称和资源浪费。

政府的监督和评估机制也为县域高标准农田建设项目的质量保障提供了重要保障。高标准农田建设不仅仅关乎产量的提高,更要注重农田的生态环境保护和可持续利用。政府应该设立相应的监督和评估机制,对项目的进展和质量进行监督和评估。这有助于发现问题并及时采取措施,确保项目不偏离轨道,达到预期的目标。政府可以通过设立环境评估标准、监测系统等手段,确保农田建设不会对生态环境造成负面影响。此外,政府还可以设立质量验收机制,对农田的基础设施、种植技术等方面进行严格的检查,以确保农田建设达到高标准、高质量。

政府在县域高标准农田建设中的作用还体现在政策制定和法律法规方面。政府可以通过制定有针对性的政策,鼓励农民参与高标准农田建设,推动项目的落地。政策可以涵盖资金补贴、土地流转、农产品销售等多个方面,从而提高农民的积极性。此外,政府也需要制定相关的法律法规,保障农田建设的合法性。法律的支持可以为项目提供法律保障,防止不当干预和侵权行为的发生,提高项目的可持续性和稳定性。

然而,在政府承担公共品供给责任的过程中,也可能面临一些挑战和难题。首先,政府在资源分配方面需要平衡各种需求。资金、土地等资源有限,政府需要在各种项目和领域之间进行合理分配,确保农田建设获得足够的资源支持。其次,政府在项目管理中需要协调多个部门和利益相关者的合作。不同部门之间可能存在信息不对称和利益冲突,政府需要发挥协调作用,促进各方的合作,确保项目的顺利进行。最后,政府在制定政策和法律时,需要考虑到不同地区和农田的差异性,制定灵活而具体的政策,以适应不同的情况。

第二节　国有企业参与农田建设的优势与挑战

传统农田水利建设模式中存在缺乏资金和技术支持、管理不规范、效率低下等问题。国有企业在资金和资源方面具备相对优势,能够通过投资和合作形式推动高标准农田建设的落地实施。近年来,从中央到地方政府逐渐意识到国有企业积极参与高标准农田建设的重要性。在推动高标准农田建设方面,国有企业具有资源和管理优势,可以为项目提供资金、技术和管理支持,加快建设进程,促进农村经济发展和粮食生产增长。政府也逐步出台相关政策和法规,鼓励国有企业积极参与高标准农田建设,并提供支持和激励措施,不断完善与国有企业之间的合作机制,以确保项目的顺利进行并取得良好的社会经济效益。

国有企业通常具备强大的整体规划能力。国有企业作为国家经济发展的重要组成部分,其规划工作常常融入国家发展战略和宏观调控政策。这使国有企业在统筹规划方面能够充分考虑社会经济的发展需求、政府的政策方向以及产业链的整体布局,注重协调各个环节和利益相关方之间的关系。同时,国有企业拥有广泛的资源和信息渠道。国有企业通常在经济、科技、人力资源等方面拥有丰富的积累和资源储备,同时与政府、高校、研究机构等多个利益相关方保持着密切联系。这使国有企业能够获取更多的行业信息和市场动态,对未来发展进行科学的预测和规划。

此外,国有企业在资源整合、产业协同和风险管控方面也具有优势。国有企业通常具备较强的资源整合能力,可以通过内部资源的调配和外部合作伙伴的协同作用实现产业协同发展。这使国有企业能够在规划过程中充分发挥不同业务板块的优势,提高资源利用效率,实现产业链条的闭环发展。同时,国有企业在统筹规划方面也注重风险管控和应急预案。由于国有企业承担着国家重大项目和基础设施建设等重要任务,其规划工作需要兼顾风险因素和灾害应对。国有企业通常会在规划过程中进行风险评估和灾害防范,制定相应的应急预案和措施,提高企业的应对能力和抗风险能力。

国有企业在农田建设中的参与对推动农业现代化和保障国家粮食安全具有重要意义。国有企业通常拥有较强的资金实力和技术能力,能够为农田建设提供必要的资金支持和技术指导,推动项目的顺利实施。通过参与农田建设,国有企业可以发挥其在资源整合、市场运营等方面的优势,推动农田建设项目的规模化、标准化和市场化发展,提高土地利用效率和经济效益。积极引导和支持国有企业参与农田建设,发挥其优势和作用,能够有效推动农田建设事业的健康发展,实现经济效益和社会效益的双赢。

一、资金保障

首先,国有企业相对于私营企业拥有更强大的资本实力,国有企业可以通过国家拨款、发行债券等方式获取大量资金,使其在高标准农田建设项目中能够提供充足的资金支持,同时通过与国家相关机构合作,确保资金的快速到位和稳定投入。

其次,国有企业在资金来源上更具有稳定性和持久性。与私营企业相比,国有企业不受市场波动和短期利益考虑的影响,可以确保长期稳定的资金投入。国家对国有企业的资金支持是长期的、可持续的,这使国有企业能够在农田水利建设项目中保证持续的资金投入,不会因为市场变化而导致项目中断或停滞。

再次,国有企业拥有多元化的融资渠道。除了可以依靠银行贷款外,国有企业还可以通过发行债券、股权融资、国家投资基金等方式获取资金。相比之下,私营企业在融资过程中可能更加依赖于银行贷款,存在一定的融资限制和风险。国有企业则可以灵活选择合适的融资方式,确保资金的多样化来源,降低融资风险。

最后,国有企业具备较强的长期战略规划能力。在农田水利建设项目中,国有企业能够根据国家发展需求和长远利益进行资金规划,并确保项目的长期可持续发展。国有企业通常具备专业的规划团队和技术人员,能够对资金进行合理分配和优化使用,确保项目能够长期有效运行并取得良好的经济效益。

二、建管结合

首先,在前期建设阶段,国有企业能够充分发挥其资本、资源和技术优势。这种优势使国有企业能够在项目选择、可行性研究和投资决策方面更具有优势,确保项目在建设阶段的顺利推进。

其次,在前期建设阶段国有企业拥有丰富的技术经验和管理能力。长期以来,国有企业在运营过程中积累了大量的技术经验和管理实践,拥有专业的技术团队和管理人才。这使国有企业能够在前期建设阶段进行科学规划、技术选型和工程管理,提高项目的质量和效益。

再次,国有企业在前期建设与后期管理结合方面注重全生命周期管理。国有企业往往综合考虑项目的整个生命周期,在前期建设阶段就关注项目的后期运营和管理问题。这使国有企业能够从设计阶段就注重可持续性、安全性和环保性,提前考虑到项目的运营和维护需求,为后期管理奠定良好的基础。

最后,在后期管理方面,国有企业具备优势的资源调配和协调能力。由于国有企业拥有广泛的资源和较高的权威性,能够充分利用自身的资源优势进行项目管理和运营。国有企业通常具备完善的内部管理体系和控制机制,能够进行有效的决策和资源配置,实现项目在后期管理中的高效运行。

三、面临挑战

当然,在认识到国有企业参与农田水利建设与管理的优势的同时,仍需进一步防范其内在风险与可能的挑战。

在资金保障方面,在农田水利建设项目中,国有企业仍需加强有效的资金管理和监督,以确保资金的合理使用,实现项目的高质量完成和可持续发展。

在建管结合方面,前期建设阶段需要克服政策风险和市场风险,确保项目的可行性和可持续性。后期管理阶段需要应对市场竞争和管理创新的挑战,提高企业的运营效率和管理水平。因此,在前期建设与后期管理结合方面,国有企业需要不断加强学习和创新,提升自身的能力和竞争力,实现可持续发展和社会价值的双重目标。

另外,在统筹规划方面,部分国有企业管理层的创新意识和市场导向能力相对较弱,规划过程中存在信息不对称和决策滞后等问题。此外,国有企业还需要与市场经济环境充分配合,注重市场需求和竞争环境的变化,在规划工作中灵活调整策略和方向,以便更好地适应市场的发展和变化。

第三节　社会资本参与农田建设管理的引入方式

为深入贯彻落实"使市场在资源配置中起决定性作用和更好发挥政府作用"的精神,2014 年,水利部结合水利行业特点,提出要着力做好引入社会资本参与建设和管理三类试点工程解决农田水利建设投入与长效管理问题。第一类是经济作物种植区农田水利引入社会资本,已于 2014 年在云南省陆良县实施,第二类是粮食作物地下水灌区引入社会资本,第三类是地表水自流灌区引入社会资本。齐河县引入社会资本建设和管理农田高效节水灌溉试点项目是继云南省陆良县丘陵地区经济作物引入社会资本项目后,水利部确定的第二类试点,即在粮食作物机井灌区农户分散经营的土地上引入社会资本建设和管理高效节水灌溉试点项目。

一、高质高效地引入社会资本

高标准农田建设需要社会资本的高质高效引入，这不仅可以有效缓解政府财政压力，还可以促进技术创新、激发市场活力、推动农村经济多元化发展，为高标准农田建设提供强大的动力和支持。在未来的高标准农田建设中，应持续深化改革，优化政策环境，吸引更多社会资本参与进来，共同推动高标准农田建设事业的蓬勃发展，为保障国家粮食安全、促进农业现代化和实现乡村振兴战略贡献力量。

齐河县委、县政府高度重视引入社会资本建设和管理农田高效节水灌溉试点项目，县政府成立了主要领导挂帅的领导小组，水务局成立专门工作班子，聘请了山东省水利科学研究院对项目实施方案进行编制，省厅先后 7 次组织市县两级相关人员赴云南陆良、山东兖州、河北张家口、内蒙古鄂尔多斯、新疆建设兵团等地深入考察学习。2015 年 3 月，水利部农水司领导同志带领多名水利部各领域专家，深入齐河县近 10 天时间，会同水利部灌排中心、省水利厅、市水利局、项目乡镇、设计单位、群众代表等，一同研究实施方案的编制，并邀请了两家相关企业共同参与研讨，深入分析研究了工程建设、体制机制、社会资本进入、投资比例构成等方面的问题，初步形成了在不同灌溉形式、不同灌溉保证率情况下的多种比较方案。

2015 年 4—9 月，水利部组织专家对实施方案进行了三次审查，根据专家审查意见，省水利厅、市水利局与方案编制单位及相关业务人员对方案的各个环节进行了 20 余次的修改和完善。

2015年9月14日,最终完成了《引入社会资本建设和管理农田高效节水灌溉试点项目实施方案(报批稿)》,上报水利部备案。2015年9月21日,山东省水利厅、德州市人民政府对实施方案进行了联合批复。试点项目区位于齐河县中部的焦庙镇,涉及曹虎、辛庄、杨场、徐弓匠、东李楼、铁匠、石门张7个行政村,548户,2940人。

项目推进中,齐河县委、县政府高度重视,齐河县水务局将试点工作作为重大中心工作来抓,快速行动,实现工程落地。项目实施的运行保障机制主要包括强化组织保障、严格规范程序、切实履行合同约定三个方面。

第一,强化组织保障主要是指构建"党委领导—政府主导—行业支撑—单位负责—社会参与"的工作体系,共同合力推进。2015年9月15日,齐河县政府成立县长任组长,县财政、水务、农业、发改、审计、国土、工商、物价、焦庙镇政府等相关部门全力配合的试点工作领导小组。

2015年9月19日,成立了试点项目建设指挥部、建管处等机构,全面负责项目建设。对试点工作进行分解,逐项立项督办,多次组织召开专题会议,研究解决试点工作的重点难点问题,明确工作任务、经费安排、工作措施等。项目实施过程中齐河县水务局全力做好试点项目规划、设计和实施,加强与部门沟通协调,加快推进工程建设和机制建设。财政局认真监督资金使用和财务规范管理,工商局指导完成注册合作社的相关手续办理,物价局在水价制定方面给予指导和监审,并办理水价批复,农业局派农艺专家对项目区粮食产量进行了测产,焦庙镇政府成立了由镇长任组长的领导小组,全面做好宣传发动、组织群众参与、障碍物迁占和各方面工作协调。

第二,严格规范程序是顺利完成项目招标招商工作的制度保障。项目批复后,严格执行"四制"管理,建管处委托山东正信招标有限责任公司对政府投资水源等骨干工程进行招标,对田间喷灌工程引入社会资本进行了招商。2015年10月24日,山东正信招标有限责任公司代理在德州市水利局监督下对项目施工、监理进行了公开招标,经评标委员会的推荐并公示后,确定齐河县兴利水利工程有限责任公司为项目施工中标人,山东省龙跃工程建设监理有限公司为项目监理中标人。

引入社会资本按照方案设计同步进行,招商文件中明确规定试点项目水源骨干工程637.4万元由政府财政投入,田间节水灌溉设施共375.12万元,由政府和社会资本方按4:6的比例投入,即引入社会资本225.07万元,政府投入150.05万元。项目区社会资本的田间工程投资参考商业银行的贷款利率5.3%,上浮2.7个百分点,确定为8%的年均收益率,社会资本方参与运行管理15年。按规定时间参与招商报名的共有三家企业,分别是:山东水利建设集团有限公司、山东鲁控水务发展集团有限公司、山东华泰保尔水务农业装备工程有限公司。2015年10月24日,在省水利厅、德州市水利局监督下对项目招商进行竞争比选,最终确定山东华泰保尔农业装备工程有限公司。

第三,切实履行合同约定是如期完成工程建设任务的实践机制。2015年10月28日试点项目建设管理处分别与齐河县兴利水利工程有限责任公司、山东省龙跃工程建设监理有限公司签订《施工合同》和《监理合同》。2015年12月2日与山东华泰保尔农业装备工程有限公司签订《投资框架协议》。项目建设过程中,按照职责将工程建设时间节点目标任务,分解落实到项目建管处、焦庙镇政府、施工单位、监理单位、社会资本方以及各项目现场负责人,每周定期调度督查。项目于 2015 年 10 月 28 日开工建设,12月底前完成水源等骨干工程建设。2016 年 3 月,社会资本方完成田间喷灌工程建设,适时运行,确保了春季小麦返青用水。齐河县政府为支持项目建设,还对项目区内道路进行了硬化。

二、齐河县经验的创新及其推广

项目实施后,实行统一集约喷灌灌溉,突破了传统灌水方式,灌水技术达到了国内先进水平,大大提高了灌溉效果。还可根据作物不同生长期,需水状况、土壤墒情及缺水程度,进行适时适量灌溉,达到了精细化灌溉和用水管理,灌溉制度科学合理,真正实现了由传统水利向现代水利的突破,这种突破具体表现为五个方面。

一是节水效益显著。项目实施前,大水漫灌,每亩次用水 60立方米以上,项目实施后,统一喷灌,每亩次用水 25—30 立方米,对应实施前相同年份灌溉 6 次,每亩节水 64 立方米,5292 亩项目区年节水 34 万立方米。

二是农民增收。项目实施前,农民使用的多是"机井+小白龙+燃油或电力设备"灌溉,费工费力;实行统一喷灌后,每亩每年可省 2 个工,项目区年省工 10584 个,每个工按 100 元计算,省工效益达 106 万元。根据 2016 年农业测产情况,项目区内小麦、玉米亩产分别为 624. 89 千克、684. 33 千克,与周边未实施项目的地区相比,项目区内小麦、玉米平均亩产分别高出七八个百分点。2017 年项目区外周边地块采用地面漫灌,出现了大面积倒伏,而项目区小麦基本没有出现,经测产,项目区内小麦、玉米亩产分别为630.5千克、680.7千克,与周边地块相比,增幅分别为3%、2%。另外,现在项目区部分农户已将自家田埂去除,增加了播种面积,也促进了农民增收。

三是社会资本收益。社会资本投入企业按照招商合同约定,15年的管理运营期,以加速折旧法,参照正常年份,社会资本回收期为7年,15年将获得折旧及收益391万元,年均资本收益率达到8.2%。同时,企业还可以将经营范围扩大到项目区以外,实施土地流转、规模经营和项目区农产品统购统销以及农业生产技术服务,进一步增加企业收入。社会资本方山东华泰保尔水务农业装备工程有限公司通过试点项目,不但宣传了企业,树立了形象,而且拓展了市场,项目建成后,2017年该企业订购设备数量比往年同期翻了两番。

四是缓解了政府投融资压力。农田水利工程是一项重大的民生工程,虽然近年来国家不断加大投入,但由于点多面广耗资巨大,国家财力依然相对紧张,通过引入社会资本可在一定程度上缓解政府投融资压力。该项目在政府公共财政投入有限的情况下,为国家直接节约工程投资225.07万元,占总投资的22.2%。

五是衍生效益突出。通过对水资源的优化配置,合理利用,项目区内大面积喷灌,减少群众灌溉用水。不仅节约用水,而且小气候也得到改善,提高了空气湿度和质量。大型喷灌设备的使用,也形成了农业一大景观,引起了强烈的社会反响。项目正式运行以来,全国各地组织参观学习考察团到项目区考察学习达40余场次,科研院所、外资企业、私营业者等不同领域经常来参观学习考察,周围城市甚至济南市民也慕名前来,已成为齐河县农业旅游新的增长点。

自试点项目实施以来,齐河县充分结合实际情况,针对不同种植户经营特点,采用灵活多样的方式进行复制推广,喷灌工程覆盖范围不断扩大。

一是粮食作物土地流转区复制推广。2016年省水利厅扩大了试点范围,在土地流转区遴选齐河县昌润致中和农场为引入社会资本建设和管理农田高效节水灌溉试点项目区,共发展喷灌面积2094亩,水源等骨干工程由政府投入,田间工程由社会资本方和农场按照1∶2的比例投入,以农场和社会资本方合作协商的方式确定了投资人,投资人为中灌润茵节水灌溉设备有限公司山东分公司。项目于2017年1月开工,2017年6月建成,项目建成后,农场负责项目工程运行管理,根据社会资本方投入和参与年限,每年支付一定成本和回报,保障社会资本方收益,工程已正式运行。

二是在外资企业规模化种植区复制推广。2017年下半年,齐河县外资企业醇源牧场公司特邀水利局帮助规划3万亩高效节水灌溉项目,委托齐河县水利局规划设计建设喷灌工程。

三是在适度规模经济作物种植区复制推广。2017年,齐河县在经济作物种植区,申请省扶持新型农业经营主体项目,扶持两个种植大户发展喷灌面积1497亩,工程已经完工。

建设高标准农田是保障国家耕地安全和粮食安全的重要基础。党和政府高度重视高标准农田建设,为落实"藏粮于地"战略和全面推进乡村振兴战略提供了重要支撑。[①] 高标准农田建设是一个系统工程,建设主体具有明显的多元化特征,不仅涉及各级人

---

① 鹿光耀、廖镇宇、翁贞林:《我国高标准农田建设的政策演进及其启示》,《农业经济》2024年第1期。

民政府、不同的政府职能部门,而且涉及农业企业、农场主、农业生产大户、合作社等众多农业生产经营主体等。[①]

从高标准农田建设的地域实践看,县域范围内公共品项目的高效建设与管理离不开地方政府及其财政资金、制度政策的支持,离不开切合实际的顶层设计与灵活调适,离不开多个部门多条线的联动合作与有效沟通。第一,政府高度重视是项目顺利实施的保障。党委政府高度重视,试点改革才能攻坚克难,特别是县乡两级党委政府要将其作为一项农村水利改革的重点来抓,方可保障项目顺利实施。第二,规划设计切合实际是项目成功的关键。以顶层设计指引试点改革的方向,充分结合当地实际情况,包括气候气象、土壤条件、水源水质、作物种植分区等因素,从工程形式、工程布局,到机制改革具体思路,需要专家论证评审。切合项目区的实际,不断探索,大胆改革,方可保证工程的运行。第三,部门联动形成合力是项目推进的动力。除水利部门外,还涉及财政、发改、工商、农业、物价等多个部门,涉及不同领域,加强部门沟通和密切配合,形成强大合力,才能够确保各项工作扎实稳步向前推进。

习近平总书记一贯高度重视耕地质量,强调"保耕地,不仅要保数量,还要提质量"[②]。这是习近平总书记立足国情农情作出的精准研判,是着眼粮食安全大计作出的战略决策。"藏粮于地、藏粮于技"战略的实现,关键是要保障耕地数量和提升耕地的质量,耕地是粮食生产和粮食安全的根基和载体,也是最重要的生产要素和农业可持续发展的核心基础。基础地力是反映耕地生产能力

---

① 于法稳、孙韩小雪、刘月清:《高标准农田建设:内涵特征、问题诊断及推进路径》,《经济纵横》2024 年第 1 期。

② 《习近平谈治国理政》第四卷,外文出版社 2022 年版,第 396 页。

的重要指标,对其提升是实现“藏粮于地”战略的基础和保障。

　　齐河县政府深刻认识到提升耕地质量的重大意义,高度重视高标准农田各项指标水平的保持与提升,在实践中不断总结地区高标准农田建设的技术与落实路径,逐渐形成了一套行之有效的实践方案,为齐河县持续建设“吨半粮”高标准农田给予了系统性的技术支持。

第五章　跨越村镇边界的耕地利用格局形成

党中央、国务院始终高度重视农田建设,2021年农业农村部发布《全国高标准农田建设规划(2021—2030年)》,指出要进一步强化规划引领,强化政策支持,不断加大投入,持续改善农业生产条件。[①] 从2013年国务院批准实施《全国高标准农田建设总体规划》开始,各地、各有关部门狠抓规划落实,通过采取农业综合开发、土地整治、农田水利建设、新增千亿斤粮食产能田间工程建设、土壤培肥改良等措施,持续推进农田建设,不断夯实农业生产物质基础。2018年机构改革以来,农田建设力量得到有效整合,体制机制进一步理顺,各地加快推进高标准农田建设,完成了政府工作报告确定的建设任务,为粮食及重要农副产品稳产保供提供了有力支撑。高标准农田建设完成了预期目标,为粮食高产稳产提供了有力支撑。

齐河县严格落实高标准农田的标准化建设,实现了高质量的

---

① 《农业农村部关于印发〈全国高标准农田建设规划(2021—2030年)〉的通知》。

建设目标,并保持了多元化主体的耕地利用格局,即以小规模地块经营农户为主,适度规模地块经营农户和流转大规模地块经营的合作社、企业等主体并存的土地使用格局。前文已经从技术推进的项目制管理角度分析了技术如何得到采纳,本章则聚焦如何在不同的耕地利用主体之间取得同样的技术采纳质量,使得高标准农田建设在由不同主体使用的不同规模的地块上能够具备统一的工程技术质量,地力提升技术在由不同主体使用的不同规模的地块上能够遵循同等的技术使用标准。

第一节 大方田建设的系统规划与有效落实

高标准农田建设项目是我国为保证耕地数量、提高耕地质量、保护耕地生态和全方位夯实粮食安全的重要工程,具有以下特点:(1)目标内涵广。涵盖了田、土、水、路、林、电、技、管等,从土地的归并和整理、土壤的改良与培肥,到水利、道路、电力等基础设施的配套。(2)实施过程长。在时间上的不同项目的实现既非线性的顺序衔接关系,也非简单的叠加并行关系,各目标维度在项目周期的各个阶段会因周期特定目标、施工客观条件等各种客观因素呈现出不同的建设需求。(3)实施涉及主体多。县级多部门合作形成系统性规划,乡镇与村级组织协同整合多方利益,大户、合作社和农业公司的需求与广大小农户的利益保障,共同促进高标准农田的建设落地。作为"藏粮于地"的重要前提和条件,高标准农田建设是率先实现农业现代化的要求,更是功在当下、利在千秋的根本大计。而高标准农田工程建设质量则是决定高标准农田建设是否能服务好"藏粮于地"这一战略目标的关键因素。齐河县的高标准农田示范项目创建工作以整县推进为平台,以农田成方、集中连片、灌排配套、设施先进,道路畅通、设计规范,土地平整、土壤肥沃,林网适宜、生态良好,科学种植、优质高效,管理严格、机制完善①为创建工作的总体目标,着力打造高标准农田示范县。本节将探讨齐河县实施并利用高标准农田项目的实践,在齐河县多元化耕地利用主体的背景下,不同规模的土地使用者,包括小农户、种粮大户、农民专业合作社等面临的矛盾和困境,并试图总结齐河县克服挑战并实现项目高质量建设的经验。

一、保留小农主体性的耕地规模化

高标准农田建设是一项事关国家粮食安全、现代农业发展的基础性工程,是一项事关农村产业兴旺、农民脱贫致富的民心工程,是一项事关乡村田园风貌、农村生态文明的战略性工程,是一项功在当代、利在千秋、惠及全民的德政工程,社会各界高度认同,农民群众普遍欢迎。高标准农田建设的关键不仅在于通过工程建设的质量实现其经济效益和生态效益,更在于保障农户利益,通过建立农户与耕地之间的利益联结,稳定农户种粮的积极性。已有学者通过研究发现农民参与保护耕地的热情与对农业持续增收和综合成本节约具有高度相关,当农户受到经济收益、生态收益、社会收益的激励会刺激其进行耕地保护的行为。因此,要发挥粮食种植耕地保护与社会、经济效益的协同效应。②

---

① 资料来源:《齐河县农业农村局关于"吨半粮"生产能力建设实施方案》。
② 牛善栋、吕晓、谷国政:《感知利益对农户黑土地保护行为决策的影响研究——以"梨树模式"为例》,《中国土地科学》2021年第9期。

但随着城镇化的发展,我国农村大量青壮年劳动力外流,给粮食安全带来隐患,2023年中央"一号文件"再次提出:总结地方"小田并大田"等经验,探索在农民自愿前提下,结合农田建设、土地整治逐步解决农地细碎化问题。在各地的实践中,高标准农田建设往往与土地整合相联系。对地方政府而言,一方面,通过农村土地整治形成田间设施配套、土地平整、集中连片、高产稳产、生态良好、抗灾能力强、与现代农业生产和经营方式相适应的基本农田;①另一方面,通过土地整治推动土地整合,实现大规模土地流转。因此,一些地方政府利用高标准农田建设进行基础设施建设、土地平整等,为土地规模经营提供了条件,为市场主体进入农村提供了可能。市场主体开展农业规模经营具有规模效应,比小规模经营主体更具有竞争优势,外来的市场主体进入农村社会,提高了土地租金。而小农户既无法从亲友那里低价获得土地,也没有能力支付这么高的土地租金,很多农村地区在高标准农田建设后直接将土地流转给新型农业经营主体,出现了整组流转和整村流转的大规模流转土地现象,而这其中单个农户的种植需求受到了损害。

齐河县高标准农田的经营主体依旧以小农为主体,没有出现普遍性的大规模流转土地。笔者与团队在与齐河县高标准农田建设范围内的农户访谈时,农户普遍表示高标准农田建设使他们种植获得了实实在在的便利,包括新建的水利设施解决了之前灌溉难问题,土地平整后也使播种机和收割机得以规模化作业,化肥使用量减少……高标准农田建设解决了分散的小农户无法依靠个人

---

① 国土资源部:《高标准基本农田建设标准》,中国标准出版社2012年版。

和家庭解决的问题,使小农种植更便捷,成本更低,产量更高,小农收益增加,因此农户流转意愿并未随着土地流转价格的上涨而增加,反而使农民更"惜地",不愿意将土地轻易流转给他人,自己更愿意在粮食种植上投资,而粮食产量的增加使小农增收,激励农户继续种植,甚至进一步投资购买部分农机和各类农资,农业种植的收益在家庭总收入中的比重也逐渐提高。

齐河县在经营主体以小农为主的同时机械化率也十分可观,这离不开社会化服务的发展。一方面,农业社会化服务保障了小农的经营主体性,分散的农户可以统一接受服务,从播种到收割都实现了现代化的作业流程,以服务的规模化替代了经营面积规模化,小农也可以依据自身的需求选择不同的社会化服务,从而实现家庭利益的最大化。比如笔者在调研中发现,如果家庭的劳动力资源较多,具有青壮年劳动力,农户会选择自己购买部分农机,类似播种机这种体积不大、价格不贵的农机,但收割机这类体积较大、价格较高的农机就不会购买,而是选择收割的时候购买收割机的服务。如果家庭的种植主体以老人为主,青壮年劳动力外出务工,年轻人外出务工的工资较高,则会选择购买"全包"的社会化服务,播种到收割都由某个服务主体负责,家里的老人承担的劳力较轻,种植的收益也高于购买的服务成本。由此,齐河县的小农没有被排除在现代化农业发展之外,反而依靠社会化服务,实现了家庭资源的最大限度整合与利用,实现了增收的目标。另一方面,社会化服务支持下的小农经营与大规模种植主体相比而言,更注重成本的节约,农业种植并非完全是程序化标准化的过程,播种的时候是否细致补苗,化肥农药的使用是否恰当而不滥用,不同病虫害是否及时发现,收割时是否不遗漏等,小农户会努力争取这些"蝇头小利",在种植过程中最大限度地控制生产成本,并且增加产量从而增加自身收益。

另外,高标准农田建设涉及农户之间的利益分配问题,有学者指出部分农户对高标准农田带来的收益不确定,甚至还要牺牲自己部分土地进行道路硬化和节水灌溉,因此对高标准农田建设参与意愿不高。① 其他地区在实施高标准农田建设的时候出现了被项目占用的土地难以获得赔偿,以及高标准农田建设在划片选址上,没有明确的时间表,未纳入的农户不确定何时才能被纳入项目建设中。② 基础设施的修建要占用个别农户的地块,而建成后的受益者是大多数农户,被占用地块的农户会从自身利益出发或者不同意进行土地整治,或者争取足够多的补偿费,而如果这些成本无法参照预期收益平分到不同的农户时,就会引发农户之间的利益冲突和博弈。③ 除了部分农户会因为项目建设而损失自身利益之外,对于不同经营规模和资源禀赋的农户,也存在对高标准农田建设的需求不同的问题。对农业大户、家庭农场、农业合作社和农业公司而言,需要考虑高标准农田是否能结合目前的生产实践,适当调整项目设计,助推其生产发展。高标准农田建设过程中如何协调各方利益,结合不同主体在实践中的不同需求,实现利益的平均分配也是高标准农田能否实现最终效果的关键问题。

总之,高标准农田建设有利于提高粮食产量及质量,使土地经营者实现现代化种植作业,但是高标准农田建设想要达到其目标,

① 孟鑫钰:《高标准农田建设现状及对策——以常德市为例》,《现代农业研究》2023 年第 12 期。
② 史鹏飞、徐阳、顾彬:《建设高标准农田 端牢中国人饭碗——基于安徽省怀远县的调研与思考》,《中国农业综合开发》2023 年第 11 期。
③ 王伟娜:《我国农村土地整治模式优化研究》,中共中央党校 2018 年博士学位论文。

根本要义在于保障农户的利益,保障农户种植的信心,增加粮农的收益,自下而上地稳定粮地面积,增加粮食产量,甚至吸引人才流入乡村、流入粮食产业中,带动乡村振兴。

二、县级政府集中领导的部门协同落实

高标准农田建设作为系统性的政策,保障高标准农田的高质量建设落地,需要政府担起农田建设监督管理的责任,参与农田建设的全过程。在组织方式上,政府利用其行政职能,构建政府主导的集中统一的管理机制,落实统一的规划布局、统一建设标准、统一组织实施。在实施方式上,政府利用其信息和资源禀赋,科学编制本地高标准农田建设规划,坚持系统性思维,统筹各方面资源条件和利益需求。

在县委县政府统一统筹之下,齐河县坚持规划先行,科学制定了全县推进高标准农田建设规划,确定了建设重点区域、配套措施,明确了资金重点投向、建设内容以及建设质量和运行管护具体要求。

这为镇、街政府明确工作目标、工作思路打下了良好的基础,也有利于最终实现施工质量达到统一要求的标准。

在县级党委和政府统筹规划之下,齐河县下辖各乡、镇、街道政府把握整建制推进、大方田引领高标准农田建设这一工作主线,协调各方履行服务职能。乡镇以及街道、村级基层组织,一方面需要深刻把握统一规划要求,另一方面作为最贴近粮食生产者、土地经营者的一级行政单元,需要及时反馈基层群众的最真实意愿与项目施工的落地情况,以更好地履行其基本的服务职能。

从项目委托代理关系上看,乡镇政府可以视为县级政府派出监督施工方的责任实体(代理履行监督职能),既要督促施工方履行好工程建设责任,统一施工标准,又要为其实现履行责任提供必要的条件,即推动促进协调土地使用者的工作。由于各镇街、各区域内区域耕地使用主体结构不同,客观上要求乡镇政府在统一规划下因地制宜采取不同的治理模式,在保证施工方可以对项目覆盖区域内土地实施统一标准建设的前提之下,尽最大努力实现满足各耕地使用主体之间的利益平衡;如果客观施工技术条件的确无法兼顾各方的利益诉求或者特定方的诉求表达超出必要限度时,乡镇政府需要与相关村集体、相关土地使用者做好解释工作,尽可能得到群众的支持与理解。在此过程中,乡镇政府的基层调节机能可较好地调节不同主体的利益冲突,以便寻找到使各方利益均得到合理关切的均衡水平,这一均衡水平之达到即所谓局部项目施工标准的实质统一,有利于全县统筹下的项目实施标准的相对协调一致,相当程度上体现了灵活性与自主性。

县级规划部署中坚持政府主导、农民主体的原则,要求切实落实高标准农田全县推进创建工作政府责任,引导农民群众参与农田建设和运营管理,充分发挥农民群众的积极性和创造性,使农民群众成为高标准农田的建设主体、受益主体、管护主体。这一原则实质上内在地要求了地方正式组织之外的村级组织必须有效地进行自主管理。乡镇政府的工作开展离不开与村级组织之间的沟通协调,沟通协调的充分性、有效性直接决定了民意是否得到真实表达充分表达、政策是否民主科学公平合理。村级组织在高标准农田建设中的自主管理功能的发挥成效,在相当大程度上又取决于其是否与上一级乡镇政府有效地交换了意见。这是由村级组织的非正式化地位所决定的,其在实践中对项目的第三方受委托主体,即施工方,并没有程序化意义上的有效约束力。正因如此,其对施工方提出的一些兼顾村庄内部实际情况的要求如果不通过乡镇政府这一程序化正式化的渠道表达,就很有可能会受到忽视。

在高标准农田建成以后,项目移交到镇街,镇街移交到村集体,村集体是高标准农田建设的实际受益者之一。村集体代表着村庄内部小农户、种粮大户、家庭农场、农业生产合作社等多元土地利用主体,代表着整个村最广泛、最多数人的集体利益。从与土地的关系上看,虽然村集体不能直接使用土地,但是其与土地直接使用者的关系最为紧密,多元土地利用主体的粮食产能提升对村集体完善基层治理、改善村容村貌乃至壮大集体经济都有着积极的影响。因此,村集体协调好项目施工方与土地利用主体之间的关系,对其本身也有着积极的意义。同时,在协调项目施工方与土地使用者之间的矛盾时,村集体由于不是行政实体,有着形式灵活、沟通方便的便利,在项目运行过程中起的监督作用更具有韧性,有利于基层自主化解小问题和小纠纷,减少行政资源浪费,是对以乡镇政府为代表的正式化基层协调者的有益补充。

三、多元主体参与的监督管理体系

高标准农田建设作为一种公共品供给,政府要发挥其引导和表率作用,为市场和公众参与农田建设监督管理创设条件。[①] 在整个高标准农田建设过程中需要多元主体共同参与,政府起到主导作用,控制建设工程的发展方向并对市场主体进行监督管理;市场主体作为项目实施者,在政府的引导下具有一定的管理权限,主

---

① 刘昊璇、赵华甫、齐瑞:《多中心治理下高标准农田建设监督管理机制研究》,《中国农业资源与区划》2022年第3期。

要进行企业内部监管和接受外部监督,并对政府进行一定程度的监督;社会群体承担主要的监督责任,负责对政府部门进行监督以及对市场主体参与建设的全过程进行监督。政府机构、市场主体、社会群体之间既互相独立,又相互监督,保持良好的沟通①;乡、镇、街道以及村级组织则起到了居中协调的作用,保障民主监督和公共参与的权益。齐河县高标准农田建设项目,从选址到实施过程的利益协调,再到后续管护都体现了多主体共同参与的具体过程。

(一)项目选址思路与特点

1. 总体思路:高标准农田建设选址划区准则

在县委统筹之下,当地坚持因地制宜与示范带动相结合的原则进行工程布局选址,根据区域特点,因地制宜采取不同的治理模式,优先选择水土资源条件好、开发潜力大、配套能力强、干部群众积极性高的地方,打造高标准农田建设示范工程。在项目区选址时,除了考虑灌溉水源和基础设施条件以外,还对项目区的土地平整程度以及村民群众参与积极性加以考量,扩大群众支持基础减少工程阻力,同时尽量选择相对成方连片的区域,以便以村、镇街整体推进。

为保证高标准农田的高质高效创建,齐河县在科学选址、划定入选田块时较好地遵循了以下几点准则:(1)优先考虑条件较好的田块。耕地相对集中连片,地块四至清楚,相对平整,土壤酸碱度适宜,无重金属、无化学物质等污染。(2)优先考虑生产基础

---

① 李俊杰、李建平、梅冬:《新形势下高标准农田建设管理政策存在的问题及建议》,《中国农业资源与区划》2022 年第 5 期。

条件好的田块。具备基本水源灌溉条件。(3)优先考虑周边环境条件较好的田块。功能区周边涉及农业生产的河流、道路条件较好,周边河道水系畅通、定期疏浚清淤,交通相对便利,农用输电线路、变压器等设备能够满足农业安全生产用电需求。(4)优先考虑产量相对稳定的田块。近3年一直种植小麦、玉米,年季间种植面积及产量保持基本稳定。(5)优先考虑功能区作用长期有保障的田块。结合永久性基本农田划定,与新一轮土地利用、基本农田保护、城乡建设、交通水利建设等规划相衔接,确保划入功能区的田块在较长时期内不被重大建设征/占用。(6)优先考虑群众基础好、干部群众积极性高的地区所涉田块。结合基层党支部组织能力、村干部个人素质、镇街吨半粮考核工作综合评比得分等方面进行综合考量。①

2. 高标准农田建设选址突出整区域推进

在具体工作中,齐河县按照实现县域内适宜高标准农田耕地全覆盖要求,通过充分征求镇村两级意见,最终计划对大于3000亩的未入库实施高标准农田的建设地块全部进行高标准农田建设。

由于项目制本身的组织特性,一旦单一建设项目跨越行政区地方政府,就会牵涉多元行动主体,且跨越单一行政区范围异质性主体间存在不同的利益诉求,致使确定责任、利益的分配产生困难。② 虽然镇街之间、行政村之间同属同一县域,但不同镇村之间的利益异质性依然会存在细微的差别。齐河县结合具体镇街、村

---

① 资料来源:2018 年 3 月齐河县农业局《先行先试　科学推进　为全省"两区"划定探索经验》展示资料。

② 史普原、李晨行:《从碎片到统合:项目制治理中的条块关系》,《社会科学》2021 年第 7 期。

庄具体的土地利用情况最大限度地以村、镇街整体推进高标准农田建设,有利于防止不同主体相互推诿责任,也有利于通过局部利益的一致性来降低统筹推进全局工作的制度性行政成本。这一选址划区思路为统一高标准农田建设的严格标准奠定了很好的先行基础。

3. 高标准农田建设选址突出发扬基层民主

在确定入选高标准农田建设区域的村庄名单后,各村再以村民小组为单位召开"高标准农田建设项目会议",在会议上介绍项目规划建设地点以及建设内容,随后参会人员讨论发言,最后再对议案进行表决。表决通过后,村集体保证无偿完成各种沟渠、道路两边树木的迁占等,配合施工进行,能够确保项目的顺利实施。调研中发现,大部分的村庄由于了解到高标准农田对粮食产能提高的实际收益均展现出了较高的项目参与积极性。

工程选址上的前瞻性规划,为项目后期的施工减少困难和挑战以及为项目的使用管护阶段节本增效也起到了一定作用。例如,区域内群众干部积极性高,在涉及项目施工方案实施或者调整时争取得到土地使用主体理解的可能性就会更高,在实施方案中也会有效降低施工方与土地使用主体方由于缺乏互信导致的沟通成本。土地整块成方连片,一方面在施工过程中可以降低施工队机械进入田地改造区的困难;另一方面在建成投用以后也便于大型农机进入田地进行生产作业。

由此可见,项目选址过程中,在县级统一规划部署下,村、镇街整体推进大方田建设,但是集中部署之下镇街和村集体仍然具有相对的灵活性和主观能动性发挥空间。一方面,高标准农田建设项目对粮食产能的提升成效激励着乡镇政府与村集体积极主动地协调好土地实际使用者之间错综复杂的利益关系;另一方面,田埂的破除、树木的迁占等细小的项目前期工作,影响着施工质量的实际成效,而这些工作的开展又离不开多元化的土地使用主体的配合。以上种种因素,推动了乡镇政府、村集体在协调各方利益中协同发挥其作用,首先,村集体积极说服各土地使用主体同意高标准农田建设的推进,用项目的实际效益以及具体可操作的方案让各土地承包经营者愿意将土地纳入到农田改造项目过程中;其次,乡镇政府调动技术人员、补贴项目等资源,强化土地使用者对加入农田改造项目的外部激励;最后,乡镇政府派驻协调组、村民派出代表,与项目施工方进行座谈,汇聚各方意见与对施工的实际诉求,从而尽可能保证施工效果与土地使用者的预期达成一致。

（二）项目施工中的各方利益协调兼顾

在高标准农田建设过程中,规划制定者和规划实施者由于存在直接委托代理关系,其沟通较为充分且有效,而作为规划实际受益方的农户则往往处于信息劣势地位,对土地利用的宏观现状、规划内容的了解以及对参与活动的各种认识相对较少,具有明显的信息不对称性。[①] 由于这种信息不对称性,小农户、种粮大户、家庭农场、农业生产合作社等多元土地利用主体常常由于对项目施工目标理解得不清晰,从而基于自身利益的表达对项目预期产生偏离实际的理解,而这种误解又因为多主体之间误差的叠加变得更加难以协调,进而在一定程度上形成影响项目施工有效推进的阻力。

---

① 徐硕:《高标准农田建设项目规划的农户参与路径研究》,曲阜师范大学 2020 年硕士学位论文。

齐河县一般会在项目施工前的规划设计前期对村集体、各土地使用主体的代表人进行意见征询,进行"一事一议"等基层民主会议,从而尽可能消除信息的不对称性。但是理想化的制度设计难以完全消除信息的不对称性,在具体的实践中,村民议事制度、基层民主决策、民主管理制度很难完全理想化实施。一方面,不少村集体、农户、种植大户、家庭农场、农业生产合作社对施工前期的设计诉求重视不够,因此对利益诉求表达不充分、对项目理解也不够准确,从而在信息接纳与信息输出两端都为增加工程难度埋下了隐患;另一方面,有些施工问题,确实需要在项目施工推进中才能够得以充分暴露,普通的农民群体、大部分的耕地使用主体都不拥有理解项目合同所有概念的完备知识背景,而且解释项目实施的所有细节成本高、项目落地时间紧促、粮食生产的时节性强等各种客观因素可能使高标准农田建设项目在部分村庄并未充分协商沟通就过早落地。

种种外部原因导致各土地利用主体的实际诉求呈现出一定的滞后性,而这种滞后性对项目施工的推进造成了较大的阻力。首先,项目施工方有如期交付项目的时间压力,材料使用限期、人力成本等预算约束也使其不愿项目周期持续时间过长;乡镇政府则有按期完成县委县政府统一部署的工作任务的政治要求;各土地利用主体作为项目的最终使用者、受益方尽管也希望项目尽早投用,但是土地利用主体对项目建设的态度在项目方案偏离自身预期时会更加强硬,因为土地作为众多小农户其传统生存资料所造成的土地依恋情结致使他们认为农田改造是一项伴随着风险的工程,其从风险规避角度出发不希望农田改造过程中产生不利于他们未来从事农业的不便利因素,而诸如机井电网、田间道路等均有可能在一定程度上对小部分田块的生产活动造成一定影响,这种情况下受影响的土地使用主体则将敦促村集体向项目施工方施压。

其次,存在资金的阻力,一方面是由于时间阻力而产生的工期延长所造成的人力物力成本上升。另一方面,如果要保证统一高标准的前提之下,无限地照顾到不同土地使用者的利益必然导致工程成本上升,如道路、电缆的蜿蜒,机井的加建等。

以上的困境即是多元目标下形成的多种关系交错在高标准农田建设过程中的具体体现。乡镇政府、街道以及村级组织作为高标准农田建设、地力提升工程实践的第一线,成为处理工程中滞后性利益表达带来的挑战的最佳居间协调者。如何在按期完成项目且保证项目施工质量达到统一的技术实施标准的前提下,同时兼顾各土地利用主体的实际诉求,成为了乡镇政府与村集体的主要协调工作。

首先,齐河县坚持标准先行,落实施工质量管理方案,提供矛盾解决准则。在项目施工的质量管理上,各高标准农田项目施工方案一般均会明确规定十项质量管理制度(技术质量责任制、原材料和构配件的试验和检测制度、质量岗位制度、质量预控制、质量跟踪检查制、样板引路制度、质量评定程序、工程资料管理制度、成品保护制度、工程质量奖惩制度),从而确保工程施工达到设计文件和相关规范要求的质量标准。

其次,镇村相互配合,做好施工方与耕地使用方的协调工作。由于这种正式质量监管体系在设计时是从项目监理方的监督加以考虑的,并非为普通农业经营主体参与质量监管而设计的。所以,以上提及的制度设计在多数情况下,农民、业主无法参与到监督质量控制的过程中,因为他们的监督更多依靠实地直观的感受;当土地使用者因为不明晰方案细节而产生疑惑时,需要乡镇政府做好解释工作,并且借助村集体的平台做好宣传讲解并有效获取后续反馈。

在齐河县实际的项目运行中,由于小农户、种粮大户、家庭农场、农业生产合作社等土地利用主体利益诉求多种多样,他们提出的某些诉求是合乎情理的,在程序和制度限制的框架下实际上可以通过沟通得到关切,但也有一部分诉求会导致工程施工成本大增乃至施工方案过度调整,这种调整不利于施工质量的统一执行。施工方基于对项目监理方的第三方监督的考虑可能会拒绝这些由土地使用者所提出的非正式建议。此处,从项目施工方的精力分配角度出发,他们由于对接监理方、发包方、验收方等而无暇应对土地直接使用者们的质询和建议。因此,农户可以通过村集体等组织统一意见,向政府反馈,再由基层政府向施工主体反馈,形成一套听取民意,保障民利的机制。

高标准农田建设以粮食产能提升为首要目标,多元化的土地利用主体是直接从事粮食生产的市场主体,是高标准农田的直接使用者,他们对高标准农田建设内容、建设标准的需求最直接、最清晰,理应参与到高标准农田建设、运营、监督管理的全过程中。

在监督高标准农田建设的过程中,齐河县在基层实践中建立起了一套多角度多层次的交叉的立体监管模式。这套立体监管模式得以成功,极具特色的一点在于,其结合了农民在本地现场监督(非正式监督)与项目监理方的质量标准控制(正式监督)等多种手段,让非正式的监督与正式的监督交叉结合,综合发挥各监管方式的优势,从而保证了施工质量标准的统一。

正式化的监督主要来自受委托第三方的质量控制,此监督主要依据上文所提及的十项质量管理制度,在此不再赘述。更有来自土地使用者的非正式监督的实现机制。例如,项目监理方可能无法知晓土地使用者对农田改造的实际诉求与愿望,而且监理方在监管的时间和空间可及性上也不如农民群体高;作为土地使用者的农民们,可以经常性地到项目施工现场察看在建农田的施工样态,比起施工方提交的汇报资料更直观、更现实,也更容易找出施工方有意或无意造成的施工疏漏点。由此可见,非正式的监督虽然缺乏明确的程序正当性,但是由于其可以在某些情况下反映项目方案设计时未考虑到的地方特殊现实,来自土地使用者的合理意见会因为其所蕴含的实质正当性而具有被表达的实际需要,其可以很好地弥补正式监督手段固有的不足。

而且,土地使用者是高标准农田建设的直接受益人,他们参与到监督中,不易与项目施工方结成利益共同体,他们的监督往往更加有效且具有实际意义。基于防范第三方监理机构与施工建设方共谋的策略角度,也应当在第三方项目监理者的正式监督之外合理关切农民群体的诉求。

基于这一监督形式的多重优势,在齐河县具体的实践中,基层政府与村集体往往会对这种非正式监督形式予以一定的支持与便利,或是以文件下发等形式给予这一监督形式的认可。土地使用者的合理诉求一般能以制度化的渠道设计反馈到村集体,再到基层乡镇政府处,在此过程中,非正式的监管通过立体化的监管体系上升为正式的监督意见,继而由政府出面协调施工方与土地使用者之间的矛盾。例如,齐河县高标准农田建设派出工作组在一次对项目区的实际调研中发现,项目区内均实现了地表水和地下水双水源灌溉,由于齐河县位于引黄灌区的上游,虽然引水便利但含沙量较高,采用地表水进行高效节水灌溉在技术上受一定的制约,且成本高;地下水资源丰富且水质好,满足高效节水灌溉的同时补给及时保证率高。因此,在充分技术论证的基础上广泛征求当地群众的意见后确定主要采用"机井+低压管道"灌溉模式,引黄灌溉并补源;对部分规模化经营的土地采用滴灌、喷灌等高效灌溉模式的同时实现水肥药一体化。

(三)项目管护长效机制的建立

1. 加强管护意识,设立管护标准

高标准农田建设实行统一的施工质量标准,既指向在空间维度上保证各建设区的施工水平保持在一个较高的区间之内,也指向在时间维度上能够在不同时期维持其在最初交付使用时的高质量,从而使其长效地服务于粮食高产创建。因此,项目的施工交付并不代表项目的永久性完成,项目的后期管护在某种意义上比项目的建设更为重要。项目的管护本质上是项目施工建设的延续,其对高标准农田能够可持续地发挥其经济效益、社会效益和生态效益有着重要意义。

2. 定期维护与差异化维护责任分担机制

在全县春灌期间,为保障群众春灌需求,各相关乡镇、街道需要安排深入开展高标准农田运行维护拉网式排查,对损毁的机井、电缆、管道等不能正常使用的设施设备及时修复。设施设备在质保期内的上报县局农田建设管理科,督促施工单位修复;设施设备在质保期外的乡镇及村自行安排修复。确保群众顺利浇上返青水,为夏粮丰收打下良好的基础。

3. 农田管护人才资源下乡进村机制

项目的后期管护离不开专业型技术人才的指导,针对这一现状,齐河县狠抓建管结合,本着建以致用的原则,在努力完成各类项目建设任务的同时,及时进行资产移交,为确保各受益主体能运用好设备设施,聘请专业技术人员逐村进行技术培训。

在统一的农机手技术培训、新型农民职业培训以外,齐河县还大力推进技术指导员下乡的工作,让技术指导员每年下乡镇对所包科技示范主体走村入户 5 次,组织一次技术培训,下乡技术指导达 60 天。具体工作中,指导技术员需要下乡指导农业科技示范主体秋收秋种;与科技示范主体必须当面签订服务协议;与所包示范主体进行对接,并指导示范主体安装注册中国农技推广 App,手把手教会示范主体发布日志、上报农情等;指导示范主体填写好《科技示范主体手册》,嘱咐示范主体不得乱涂乱改、认真填写,需要技术指导员填写的部分帮助填写,不得丢失。

与技术指导员下乡相类似,乡村振兴服务队下乡是另一种基层技术服务形式。服务队有着较高的下乡服务频率,农闲时每周下乡、帮助提供管护服务,而到了农忙时节,则基本每天到达农业生产一线予以技术服务,以此提高农民的农田管护技术。

齐河县各乡镇秉持项目建管相结合、土地用管相结合的农业生产模式,积极创新工作思路,在此过程中协调县级政府的技术下乡进村工作,为高标准农田的管护工作落到实处、保证高标准农田施工质量得到长时间维持而起到重要作用。

4. 全方位立体管护体制机制的构建

(1)管护责任实体化,管护主体明晰化

从权属划分上看,乡镇和村集体这两类管护主体分别拥有项目的工程产权和田间工程的使用、管理权。乡镇积极为辖区各村、各土地使用者争取技术培训的资源，并且为农业生产经营者参与技术培训提供便利条件；村集体则以上级政府对项目农田使用的相关要求和建议为准，协助做好农田的管理防护，对农民土地的使用提供建议，及时发现并纠正不当使用行为。

具体来看，齐河县按照明确管护主体、落实管护责任的导向，积极构建了一套全方位的立体管护体制机制，确保工程质量在长时间内保持长效高效发挥。除了在项目区采用"乡镇水管站+村委会+水管员"三级管护新机制，落实"两证一书一台账"管理制度以外，还按照"谁受益、谁管护，谁使用、谁管护"的原则，积极发挥农户参与积极性，倡导已规模流转的高标准农田由专业大户、家庭农场、专业合作社、农业企业等新型农业经营主体作为管护实施主体；未流转的，则由所在乡镇和村委会作为管护实施主体。在县级层面，同时明确国企齐河齐源投资发展集团作为全县高标准农田的管护主体，成立专门管护队伍，安排管护资金，确保建成的高标准农田工程设施定期维护，实现工程长期良性运行，群众长期稳定受益。

（2）持续投入巩固原有农田水利建设项目能效

全方位的立体管护体制机制对责任的合理分配起到了促进作用，并为在此基础上的新增项目建设、扩大持续投入也提供了良好的基础。2020年，实施了齐河县引黄灌区农业节水项目建设，基本完成对引黄灌溉骨干工程系统治理，项目区还需对功能不完备的田间灌排沟渠及建筑物进行治理，为提高农业生产条件加强田间道路建设，并配套路边林网减少水土流失。按照"以井保丰，以河补源"的原则，齐河县合理配置当地水资源，在水利局实施引黄灌区农业节水项目的基础上,加大雨洪资源利用工程,在徒骇河及老赵牛河沿岸新建 5 座提水泵站用于引河补源。这些新增的项目投建为巩固原有的农田增产成效又提供了更充实的物质条件。

综上所述,高标准农田建设在建设过程中,在多元化耕地利用主体的情况下,实现高标准农田建设的统一施工质量确实面临着多重困难。而且在项目建设的全过程生命周期内,不同时间内所凸显的主要矛盾、矛盾的主要方面各不相同,其中涉及的利益关系复杂多样,而齐河县提供了可借鉴的地方性经验。具体而言,以保障农户利益为基础,进一步协调多元化经营主体的需求和利益,保障种粮农民积极性,实现惠及全民、带动乡村的德政工程。以构建统一高效的管理机制的实施途径,县级政府科学规划,乡镇政府和村级组织在县级统筹之下,协同采取差异化的协调解决方案,抓住建设推进和维护管护遇到的难点、痛点,并且对症下药。以完善后续管护的长效机制,明确地方各级政府相关责任,同时发挥村级组织、承包经营者在工程管护中的主体作用。

第二节 高产耕地连片发展的万千地块建设机制

齐河县自 2008 年开始打造"万亩方"项目以来,开展了一系列耕地地力提升项目,具体包括:推广深耕深翻技术(耕深 25 厘米,每隔两年耕翻一次),秸秆还田(创建区内秸秆还田率达到80%),测土配方精准施肥(确保创建区内测土配方施肥率 100%)和农田质量检测等,在高标准农田建设之后,齐河县持续进行的地力滋养工作成效卓著。

村集体内部不同地块主体不同而导致的公平性和有效性的问题、不同土地利用主体的技术认知差异导致的采用意愿矛盾等影响着地力提升项目的快速推进和高质量落实。面对该情况,齐河县的乡镇政府以及各村村委会充分发挥主观能动性,充分借助外部资源,发挥社会化服务组织的对接作用;村组织及村庄领头人不断提高治理水平,协调各主体之间的矛盾,寻找比较公平的解决方案、积极争取项目落地实施;充分动员发挥农民内源性发展动力,开展多种活动不断开拓其技术视野。最终使地力提升项目走入田间地头,实现齐河县的土地保持较高质量存续发展。本节主要以地力提升的实施为主要脉络,展现不同农户如何衔接到现代农业中,并以此总结齐河县推进地力提升项目落实的经验。

一、多元经营主体匹配社会化服务

在现代农业发展进程中,单一农户的力量和资源是有限的,难以满足地力提升所需的综合投入和专业技术要求。通过社会化服务平台,可以整合各类经营主体如农业合作社、农业企业、科研机构等的优势资源,实现信息、技术、资金和服务的共享与优化配置。这种合作模式有助于降低农户的生产成本,提高生产效率,同时借助专业化的技术支持,提升农户的种植管理水平和作物产量品质。因此,地力提升工作应积极构建以社会化服务为纽带、多元经营主体共同参与的合作体系,以实现农业生产的可持续发展和农民收入的稳步增长。

(一)社会化服务促进技术使用的标准化

已有学者指出,标准化手段有利于将相关技术规范和管理要求植入生产环节中,农业社会化服务由于其标准健全、质量统一、流程可控、权责明确,使土地经营主体能高效有序地开展现代化生产作业。[①] 农业社会化服务的优势在于以服务的规模化替代土地规模化,农户以分散的方式可以接受到标准化的服务,同时,农户可以获得满足其特定需求的服务,使多元农户能高效利用地力提升项目。

社会化服务促进标准化种植流程的核心在于合同制的使用。在齐河县,社会化服务组织开展地力提升项目需要严格的资质审查,通过招标的方式确定技术使用的硬性标准。以于屯村的亮亮合作社为例,该合作社拥有农机 24 台,总机械资产价值 400 多万元。曾经承接齐河县的一喷三防、深耕深翻等项目。最近,该合作社正考虑购置齐河县首批粪便播撒机,该机器既能够直接增施有机肥,也可以播撒颗粒,是进行增施绿色有机肥项目的先行探索机械。购置该粪便播撒机是德州市山东弘业环保科技有限公司所承接的增施有机肥的分包项目。亮亮合作社参与弘业公司的投标中,需要提供营业资格证书、机手驾驶证、投标方案、交易明细等多项内容。除此之外,在双方签订的合同中明确提到:"甲方应按照农艺要求保证作业质量,作业质量应当符合国家或地方标准要求,无国家和地方标准的作业项目,可结合当地实际,由甲方当场示范作业标准。"

由于合同制的使用,使对社会化服务组织有着较完善的监督体系,依靠科技支撑以及多方主体监管保障项目严格验收。在与金穗合作社农机手的访谈中我们了解到,在深耕深翻时需要提前

---

① 张华、张忠明:《标准化推动小农户与现代农业发展有机衔接:可行性与对策》,《农业经济》2023 年第 1 期。

调好深翻深度,由合作社、县农业局和第三方机构共同监管,根据GPS数据平台查看作业深度,最后通过村里签字并出示证明文件确认工作量。严格的监管体系从后端保障了项目验收的质量。

以市场化的合同形式提前规定标准,并且严格落实规范的监管体系,保障项目实施过程严格按照标准。依靠社会化服务组织进行项目实施,更加便于不同主体开展协商与矛盾处理。

(二)社会化服务组织促进技术采纳

农业社会化服务为农业生产提供了中间投入,对农业生产效率的提升路径体现在两个方面:一是农业社会化服务充当了人力资本和知识资本的传送器,人力资本和知识资本在农业生产中能够显著提高最终产出,农业社会化服务为这两种资本的导入提供了有效途径。二是农业社会化服务能够将先进的农业技术应用到现实生产中,通过高效的经营管理方法和现代组织制度提高农业生产的科技含量及农业产出。① 在齐河县,社会化服务改变了传统农业耕作方式,有利于现代农业技术的传播以及技术采纳。

在人力资本和知识资本的提升方面,社会化服务主体具有传播种植技术、提供人力资源和知识资源的作用。相较于政府组织来说,社会化服务组织拥有雄厚的机械资本以及较强的技术水平和管理水平,能够降低不同农户采纳地力提升技术的成本差异。

在提升管理方式方面,农业社会化服务改变了传统以家庭劳动力耕作为基础的生产方式,通过替代劳动力或者农机的使用,放松了劳动力资源禀赋的问题,有效弥补家庭劳动力短缺或技能不

---

① 杨子、张建、诸培新:《农业社会化服务能推动小农对接农业现代化吗——基于技术效率视角》,《农业技术经济》2019年第9期。

足的问题,使劳动力数量少的农户家庭在兼顾农业生产获取农业经营性收入的同时,能够增加非农劳动时间,获得工资性收入增长机会,提升自身收入水平。①

并且,社会化服务还能通过组建"菜单式"服务,满足农户的差异性需求。面对小农户与种植大户之间存在的成本差异,社会化服务通过"菜单式"的托管或半托管服务降低了小农户的成本。小农户地块小,比较分散,自购深翻或者秸秆还田的机器不划算,只能进行人工作业,但人工成本过于高昂,从而降低了开展深翻以及秸秆还田的意愿。同时,如果购买社会化服务的话,在细碎的土地上机械作业困难,所以服务的价格会更高一些。对种植大户而言,由于其地块较大,便于开展规模化作业,作业成本较低,完全可以自购机械。以秸秆还田为例,按照齐河县"秸秆精细化全量深耕还田技术模式"的要求,即"机械化集中收获、秸秆精细化粉碎、撒施秸秆腐熟剂、合理增施氮肥、秸秆深耕全量还田、旋耕整地"。需要粉碎机、旋耕机械等多个机械环节承担任务。

于是,各社会化服务组织创建了"菜单式"的农业托管服务模式,农户不需要购买机械而选择购买某个环节的服务(如耗费人力的播撒腐熟剂环节),减少自身购买机械然后闲置的沉没成本并降低开展秸秆还田的资金门槛,从而降低了地力提升项目的平均成本。同时,随着社会化服务的市场竞争加剧以及农业机械的不断创新,小农户与种植大户都能够低成本地享受地力提升技术带来的好处,从而推动地力提升项目的普及。

---

① 罗明忠、邱海兰:《农机社会化服务采纳、禀赋差异与农村经济相对贫困缓解》,《南方经济》2021 年第 2 期。

（三）社会化服务组织具有组织优势

齐河县社会化服务组织的主体包括农民合作社、服务专业户以及部分农业公司等，多是由本村村民入股组建而成，在发展成立初期就承包了部分土地，所以其本身也是适度规模经营者。其对接适度规模经营者的方式有两种：一种是依靠专业水平在市场上竞争上岗，尤其是对自身缺乏农业机械的适度规模经营者来说，农机类的专业合作社拥有种类更加齐全的机械以及更低的价格和更好的作业质量，便让其承担深耕深翻等业务；另一种是承接政策项目与村集体协调对接，齐河县属于县级以及国家级的地力提升项目，每年会将项目面积指标下放各镇，然后在镇一级把深耕深翻项目的面积分至各村，社会化服务组织就通过招标的形式参与服务过程，通过政府和村委会对接村中的适度规模经营者。

当村中的适度规模经营者采用地力提升技术取得成效时，显现的经济收益会促使小农户加入地力提升的项目中，这种"大农带小农"的发展方式在齐河县非常突出。齐河县印发的《支持农民合作社发展的实施意见》提到，"规范培育农民合作社，发挥其组织引领、示范带头作用，引导农民合作社提升规模经营水平、完善利益扶持机制，促进小农户和现代农业发展有机衔接"。齐河县村集体集中扶持村中的合作社，发挥其龙头带动作用。从而带动小农户进入现代农业分工协作体系，初步实现小农户与现代农业的衔接，最终实现各类经济组织联手共创、协作发展。

二、村集体发挥主导作用协调各方利益

在地力提升项目推动的过程中，由于地块分散，土地第二轮延

包贯彻"增人不增地、减人不减地"的原则,各村通过小规模调整土地,多块零碎地块合成大地块的速度缓慢,导致有些地力提升措施客观上受到地块规模的影响。在这时,村党支部更有动员能力能够说服村民采纳地力提升技术的,或者村集体有服务能力、主动开展托管服务的村子,就更容易推进地力提升技术落实。在齐河县,村集体作为项目管理的重要单元,在各类经营主体以及项目实施主体之间发挥着居间协调作用,依靠部分村集体带头人的模范作用,在党组织的领导下,通过推动组织化建设,提高本村的服务能力和动员水平,从而确保地力提升项目协调顺利进行。

(一)地力提升实施的矛盾来源:地块特征与认知差异

不同的经营主体的差异主要体现在所拥有的地块数量及集中化程度的不同,由此导致不同的经营理念。以深翻这一技术推广落实为例,深翻是地力提升的重要组成部分,通过深翻能够将浅层的营养物质翻入底层,从而使作物根系获取足够的营养,并且减少表层营养物质的流失,不断提升地力。从短期来看,深翻对产量提升并不明显,从长期来看,深翻能够保障地力进行持续增长。在不同的土地利用主体之间,深翻的采纳和实施效果几乎迥异。

首先,采纳深翻技术的意愿在不同土地利用主体中存在分野。小农户缺乏对深翻技术的深刻理解,以及存在普遍的短视心理。即使在土地承包期再次延长 30 年的背景下,农民仍然不会看重其保护耕地的回报。[1] 对大农户来说,其理解深翻的科学理论,且租

---

[1]　郭庆海:《三维坐标下我国粮食主产区耕地质量管理问题研究———以东北粮食主产区为例》,《中州学刊》2019 年第 10 期。

种土地时间较长,大规模的土地面积导致微小的产量提高也能够带来不俗的收益,且成本相较于小农户来说更低,故选择深翻等技术的意愿更高。

其次,在实践过程中,深翻的机械前端装有固定宽距的犁具,对小农户来讲,田间距较窄,在深翻的过程中,深翻的机器以及前进的犁会在不同所属的农地中随机碾压,形成"墒沟",由于重力压迫,"墒沟"会导致土地硬化、难以发芽,在雨天甚至会出现积水、烂根等现象。"墒沟"从概率上来讲是随机出现在不同地块的,但是如果缺乏协调的话,每一次进行深翻项目导致的不公平会引来部分小农户的不满。对那些进行土地托管的农户来说,由于缺乏土地使用权,他不能够破坏不同农户之间的田埂开展机械化作业,也不便于开展深翻服务。但是对已经流转大片土地的农业大户来说,各农户之间的田埂被破坏,无须考虑"墒沟"的公平性问题,故常常选择深翻。

(二)村集体的协调组织功能:自我服务与节本增效

由于县级的深翻项目最终是以村为单位进行,每一个村集体中既包括小农户也包括流转大块土地的土地利用主体,如何协调不同土地利用主体的利益从而保障深翻技术的高采纳率,我们在齐河县部分推广深翻项目的示范村集体中找到了答案。

刘桥镇西杨村是一个传统农业村,共有 320 户,耕地 3305 亩。近年来,该村党支部主动对接市场、对接社会化服务,建立"企业+支部+合作社+农户"发展模式,在 2013 年 9 月,注册成立"年丰粮食种植专业合作社",对合作社 500 亩耕地实行统一管理运营。半年时间,降低生产经营成本 5.1 万元,相当于亩均增收 100

元。效益打消了群众心中疑虑,2014年全村耕地全部入社。在耕地全部入社后,西杨村听取省农业专家的意见,每年进行深翻,深耕30厘米,将秸秆翻到下面,松暄透气,同时播撒尿素等相关农药,保障小麦根系发育正常,从而有效增加土地蓄水量,提高土壤有机质,保持土地产能存续发展。深耕深翻等一系列地力提升项目也为西杨村带来了巨大的收益,由于本村以及其他地区巨大的深翻需求,"年丰粮食种植专业合作社"购置了60余台深翻机械,在本村深耕深翻之后前往外地作业,每年纯收入七八万元,为本村节省费用12万元;且西杨村定期地测土配方施肥、深耕深翻导致了良好的土地质量,其与绿丰种业公司合作种植良种,全村收入56万元。

在这个过程中,不断提升村集体的服务能力,开展全村的托管服务能够有效地降低地力提升的成本,让老百姓深刻感受到深翻的实际收益。西杨村以土地入社的方式实现了全村土地的整合,在早期集中向外开展社会化服务,实现村集体增收,然后自主购置机械进一步降低深翻的成本(每亩平均便宜30元),保障了农民的利益,从而获得了村民的支持,实现了本村土地质量的持续发展。同时,以合作社的组织形式使地力提升的项目能够依靠村委会的平台集中决策,将深翻所引起的矛盾化解在小队一级,通过小队长做村民工作,降低对深翻项目整建制推进的影响。

三、小农户积极推进地力提升

齐河县以小农为主的土地模式充分尊重了小农的土地使用权,客观上导致了农民对土地收益的重视和土地质量的保护。并且随着农业帮扶政策的推进,农业收入不断提高,农户对耕地质量变化的关切程度日益提升。从长期来看,这些因素促成了农民对耕地质量的持续投入。具体到耕地地力提升,保有土地经营权的小农户发挥主观能动性积极监督地力提升项目实施;为了扩大收益不断更新技术与观念,在与大农户以及种粮能手的产量对比中形成了内源性的增产动力。这种内源性的动力驱使小农户在能够与承包土地经营者拥有者达成相同的土地质量而努力。同时在多级政府的增产提升地力的活动推动下,农民拓展了信息来源和技术渠道,共同形成了小农户促进地力提升的可行性路径。

(一)对施工质量的自主监督

项目监管是地力提升项目实施质量的重要组成部分,相较于流转土地的大农户来说,农民直接对土地产出负责,且劳动资本较为便宜,对项目作业监管拥有更强的自主性。

在调研过程中笔者了解到,对已经土地流转的大农户来讲,在地块较大的地区深耕深翻常常面临着无人监管的难题。由于田地辽阔,监管人员难以深入机械作业的全过程,在机械作业时需要雇用大量的劳动力监管,但人力监管成本过高,且暂时没有自动化监管的技术手段。所以经常会出现因监管不力而导致的作业质量差等情况。但是对小农户来讲,当深翻机器耕至自家耕地时,他们会全程跟随农机手监管犁地深度,保障深翻质量。不仅仅是深翻项目,在秸秆还田、测土配方等过程中,小农户也会主动监管施工项目的质量水平。相较于事后验收监督来看,这种全过程的监督更能够保障作业质量。

（二）小农户对项目申请的集体意愿

具有耕地保护意识的村民会自发主动申请地力提升项目，在村委会形成集体意愿。依照《中共齐河县委齐河县人民政府关于开展"吨半粮"生产能力建设工作的意见》的方案，产粮核心区的深翻是两年一次，但在刘桥镇的于屯村却能够实现一年一次深翻。据调研所知，于屯村村民地力保护意识较强，也认识到了地力提升项目的长久收益，故多数村民要求该村村支书向镇一级政府积极申请名额，最终达到一年一翻的效果。

（三）对新型技术的自主学习

各级政府推动开展多种活动拓宽农民的视野，提升农民技能，不断提升保护地力的自主意识。只有让农民真正地看到地力保护的收益，深刻认识到地力保护的重要性才能够促进农户自觉践行耕地保护以及地力提升的措施。齐河县政府积极筹备粮王大赛、开展农广校培训等，提高了群众的自觉性，并且引导群众发挥主观能动性，补充了地力提升项目的一些缺漏。

粮王大赛是齐河县每年的常设项目，由县农业局领办，面向全县所有的种粮农户、种粮大户及家庭农场合作社、农业龙头企业等多种新型农业经营主体，在乡镇、县级依照亩产数量来评选种粮能手和粮王，并为其颁发荣誉称号和物质奖品。在评选过程中，县级政府也充分发挥电视、广播等形式邀请种粮能手和粮王传授种地、养地、技术使用等经验，对大赛活动中的典型经验进行重点宣传，并组织农技专家开展技术讲座，将地力提升的效果直接体现为亩产量，从而激发农民群众保护耕地、高质量利用耕地的自觉性。如果地力提升项目无法达成其生产目标时,小农户也会自主地补充生产投入。通过购买社会化服务或者自己喷洒,弥补县里地力提升项目的不足。种粮能手的经验分享,在潜移默化中增强了小农户开展地力保护的积极性和创造性。

除了举办粮王比赛之外,齐河县自2007年以来不断开展新型职业农民培训,定期邀请农业专家教授,以农广校为主要平台,教授全县种植农户新型农机使用、先进的管理经验以及新技术推广等知识和内容。让小农户了解先进的科学理论成果和农业机械,不断地更新理念和经验。

通过农广校以及粮王的经验分享,许多农户对地力提升技术有了更加深刻的印象,从而更加注重地力的保护,积极配合政府有关深耕深翻、秸秆还田的工作,同时对政府尚未做到位的服务,自主进行生产投入。

总结而言,在齐河县地力提升的项目实施过程中,当地实现了多元主体的协调发展。以小农户为主要构成的经营现状为基础,县级政府对外强力支持并依靠社会化服务组织发挥技术及组织优势,保障作业质量、推进降本增效,盘活农业社会化服务市场,增加地力提升服务供给;对内发挥村集体的协调作用,培育通晓农业技术、带领农民致富、解决农民矛盾的农村领头人;充分认识农民群众进行地力提升的主观能动性,通过开展多种活动调动农民的内源式动力。最终化解了不同土地利用主体关于地力提升项目实施过程中产生的各种问题,同时也发挥了不同主体对地力保护的主动性和创造性。这些举措促进了齐河县小麦玉米种植标准化专业化生产,真正地让地力提升走进千家万户,保障了国家粮食安全,促进了农民增收,多个市场主体共同参与项目推进,成为农业组织化的重要组成内容。

第六章 县级政府耕地保护与经济 发展的平衡策略

经济发展用地与耕地保护并非截然对立的关系。一方面,城镇化过程需要占用大量耕地,造成耕地数量减少、耕地保护压力增加;另一方面,城镇化发展是实现农业现代化的有力抓手,为实现耕地保护提供资金、技术等支持,城镇化水平的提高对耕地保护具有推动作用。城镇化发展需要大量建设用地,在耕地数量有限的情况下促使各省不断集约节约利用城市建设用地。[①] 齐河县便通过加强建设用地供应管理规范了土地出让行为,落实最严格的集约节约用地制度。本章以齐河县为例,尝试提炼出粮食主产区的县级政府平衡发展用地与耕地保护两大政策目标的实践策略。

---

① 肖丽群、邓群钊、林永钦等:《新型城镇化背景下耕地保护与建设用地集约利用协同发展研究》,《中国农业资源与区划》2021 年第 9 期。

第一节　耕地管理整体思路

一、开发与保护并举的统筹策略

目前,我国耕地总量由减转增的基础还不牢固,必须高度重视实施耕地用途管制、落实补充耕地出现的新情况、新问题,包括我国耕地保护管理存在的环节串联不足、规划传导不足、目标总控与过程管理脱节、保护管控与利用引导衔接不足等现状。① 从占用耕地的情况看,城乡建设和基础设施配套等各类非农建设不可避免仍将占用一部分耕地,农业结构调整、造林种树造成耕地流失的规模仍然不小,违法违规用地问题较为突出。从补充耕地的情况看,占补平衡存在占多补少、占优补劣甚至弄虚作假问题,一些地方落实"进出平衡"不到位,区域耕地总量仍在减少;有的地方违规开垦破坏生态环境,一些补充耕地质量不高,存在撂荒和流失风险。此外,经过多年持续开发,全国耕地后备资源越来越少,且多位于生态功能重要区域,通过开垦后备资源补充耕地难度越来越大。这些问题,与耕地保护意识不强、落实新发展理念不到位、执行政策走偏走样、耕地保护和集约节约用地的经济激励机制不够健全以及耕地保护相关政策和举措统筹不够有关,也与我国自然资源禀赋有关,需要通过系统改革来解决。

齐河县政府强调,对耕地的保护不是"不要建设""不要发展工业",而是追求耕地保护与社会进步、经济发展之间相互协调、

---

① 孙辉、谢建春、陈松虎等:《关于构建耕地"五量联保"治理模式的思考》,《中国国土资源经济》2024 年第 4 期。

相互促进的动态均衡。耕地作为人类生存发展最根本、最重要的物质资料,一切的发展进步都要以保护耕地为前提。如何充分利用有限的土地资源,实现最大化的经济、社会和生态收益,是齐河县土地资源利用的重要研究课题。近年来,在经济社会各方面发展走向快车道的同时,齐河县政府进一步加强了对城镇化发展与耕地保护之间紧张关系的协调,积极采取措施实现两方面工作的有机结合,走集约利用土地的道路,兼顾"建设"与"吃饭"对土地资源的要求,实现经济社会的持续发展。

2018 年发布《齐河县人民政府关于规范耕地占用税征收管理有关问题的通知》,要求进一步做好耕地占用税征收工作,管控耕地占用问题。同年颁布《齐河县人民政府关于规范土地出让管理的意见》。2019 年发布《齐河县人民政府关于印发齐河县城乡建设用地增减挂钩项目实施管理暂行办法的通知》,对 2016 年的通知进行进一步修正,进一步提高土地的集约利用水平,促进城镇协调发展。2020 年制定《齐河县乡镇政府(街道办)耕地保护责任目标考核办法》《中共齐河县委、齐河县人民政府关于加强耕地保护和改进占补平衡的实施意见》。2021 年发布《齐河县人民政府办公室关于印发齐河县耕地和永久基本农田保护"田长制"实施方案的通知》。

齐河县对空闲土地进行清理清查,通过农用地整合、闲置地盘活、高产地创建等开发与保护并举的措施,落实耕地保护重任,保证土地出让工作有序开展,维护了县域内土地市场秩序。

二、闲置与零散土地盘活利用的路径

闲置与零散土地的存在,不仅浪费了宝贵的土地资源,而且影响了土地的整体利用效率。通过有效地盘活利用,可以将这些土地整合起来,形成连片的耕作区,有利于提高土地的耕种效率和农作物的产量。此外,盘活利用闲置与零散土地也有助于优化土地利用结构,改善农村生产生活条件。通过土地流转等方式,可以将这些土地集中到种粮大户或农业企业手中,实现规模化经营,提高土地的经济效益。这也有助于减轻农民的劳动强度,让他们有更多的时间和精力去从事其他生产活动或务工经商,增加收入来源。在耕地建设中,我们必须高度重视闲置与零散土地的盘活利用,通过科学合理地规划和管理,实现土地资源的高效利用,促进农村经济的发展和城乡一体化进程。这不仅是保障国家粮食安全的需要,也是实现可持续发展的重要途径。

(一)有序推动土地经营权流转

齐河县高度重视将闲置土地进行开发利用。土地流转指流转土地使用权,即拥有土地承包经营权的农户在保留土地承包权的同时,将土地经营权(使用权)转让给其他农户或经济组织,包括耕地(农地)和宅基地等的转让。土地承包者可以通过转包(亲友或邻里间流转,但不收取费用)、转让(连同承包权一同流转)、入股、合作、互换、出租等方式出让经营权。但是,细碎土地供给与规模土地需求之间的张力构成了我国土地流转的主要矛盾。细碎土地的交易特征决定了分散式流转面临过高的交易成本。[①]

城镇化的推进带来农户流转土地使用权的迫切需要,同时,流转形成的规模化的农地资源有利于集约型生产方式的展开,使农

---

① 孙新华:《土地经营权整合与土地流转路径优化》,《经济学家》2023 年第 3 期。

地规模经营有利可图,增加了种植大户、合作社扩大经营规模的积极性。国家鼓励土地流转向专业大户、家庭农场等,促进多种形式的适度规模经营,提升经营效率。因此,齐河县大力促进土地流转,将闲置的耕地利用起来。

以赵官镇东街村为例,该村交通十分便利。全村 50 岁以下的村民中,有 70%选择到济南务工,在村里从事传统农业生产的村民越来越少,"谁来种地"的问题越来越突出。东街村党支部积极响应市委、县委关于开展党支部领办创办土地股份制合作社工作的安排部署,充分结合村内外出打工人员多、在家青壮年劳动力少、村内土地无人耕种管理、土地效益低的现状,把开展支部领办创办合作社作为增加集体收入、建设"服务型"党支部的有力抓手,积极探索开展土地股份合作社创建工作。2017 年 9 月 23 日,东街村合作社正式成立,首批入社群众 556 人,入社耕地 692 亩,入社人口、入社面积分别占全村总数的 75.4%、67.6%。通过入股合作社,群众再也不用为种地操心受累,有保底收入,甚至二次分红,能够安心外出打工挣钱。

为有效解决"谁来种地"问题,东街村"两委"班子以推进土地流转作为有力抓手,鼓励引导村民流转承包土地,并充分结合村情实际,建立了产权清晰、权责明确、管理科学的制度。目前,全村耕地全部统一流转给海波专业合作社统一经营,由集体集中收取土地承包费,按户及时发放到位,有效推动了土地实现流得动、转得活,彻底解决了"谁来种地"的问题。为推动集体收入实现增加,该村结合实际情况,将黄河对岸村民耕种不便、地力较差的 242 亩滩地进行统一治理,统一承包给济南市种粮大户,每年实现收益14.5 万元。同时,东街村以全部耕地集中流转为契机,对全村耕地进行土地整理。

（二）开发闲置宅基地

城镇化导致的劳动力大量外出,导致齐河县内出现大量房地资源深度沉淀问题,清理废旧宅基地是盘活村内土地资源的一种重要方式。从 2019 年初步掌握的情况看,齐河县每个村的废旧闲置宅基地平均有 19.6 处,闲置率达 10.7%。按每处宅基 320 平方米计算,村均闲置宅基地面积 6272 平方米,合 9.4 亩。以此折算到全县,闲置宅基地面积可达 6000 亩。为解决农房闲置问题,盘活闲置宅基地,齐河县政府出台《农村闲置民房使用权流转实施意见》,积极盘活农村废弃宅基地等资源,积极鼓励各村对村内农户闲置宅基地进行复垦,并引导群众种植各类绿化苗木,此举既能增加群众收入,又能美化村庄环境。

表白寺镇政府专门制定出台了《表白寺镇拆除旧宅基工作考核办法》,对自愿拆除旧宅基地的农户给予一定经济补偿。对需要盘活利用的村级宅基地,一方面,由村集体与农户签订复垦协议,对原宅基地废弃房屋拍照留存,作为将来社区搬迁的房屋拆迁补偿依据;另一方面,抽调镇财政所、管区等部门工作人员实地丈量,留存清理前、清理中和清理后照片,掌握第一手数据和资料,并对完成复垦任务的宅基地进行验收。

大黄乡扎实开展废旧宅基地盘活土地资源宣传工作,在 2017 年 11 月、2018 年 3 月,开展"大走访、大调研"活动,以管区以外的乡干部职工为主体,成立 24 个走访组,坚持问题导向,发动机关干部对 42 个村走村入户,宣传清理废旧宅基地、基础设施建设等多项工作;通过召开废旧宅基地清理动员会、村级大喇叭、微信公众号、村干部为村内群众现场讲解等多种方式,对废旧宅基地清理工作进行了深入宣传、全面发动,营造良好工作氛围,进一步推动盘活土地资源工作。根据实际,精准规划,共清理废旧宅基地 17 万平方米,共计 254 亩。

宣章屯镇在姚庄、王庄等村流转闲置宅基地,建设生态餐厅、精品民宿、手工作坊等配套,打造乡村旅游。宣章屯镇对闲置土地集中、可复耕的地块,开展土地挖潜、土地占补平衡项目,统一规划、统一聘请有资质的第三方企业测绘、施工。2017 年完成土地挖潜 260 亩,实现 5 个村集体增收 2000 余万元;2018 年完成土地挖潜 126 亩、土地占补平衡 240 余亩。截至 2019 年,宣章屯镇已经开展盘活闲置土地的村集体有 22 个,已清理废旧宅基、乱搭乱建 200 余处,复耕土地 600 余亩,栽植绿化苗木 3.2 万株。

(三)整合废弃土地

实施复垦,是整合废弃土地、增加耕地面积的有效手段,也是我国实行耕地占补平衡、确保耕地总量动态平衡的主要措施之一。土地复垦是指对已破坏的土地采取措施促使其恢复到可利用状态。随着国民经济的发展,齐河县因挖损、压占等原因使许多土地不能得到有效利用,给当地生产生活、生态环境带来严重的影响。因此,开展土地复垦工作具有十分重要的意义。一方面,大量被破坏的土地长期荒废闲置,重新利用后可以增加农民人均耕地面积、缓解人地矛盾;另一方面,工矿企业破坏土地,大量占用农田使地方环境恶化,出现土地荒芜、房屋倒塌、洼地积水等问题,复垦可以改变这种状况,改善生态环境。近年来,齐河县通过治理各村原有闲置的旧坑塘、荒废地、一般农用地,发展畜牧业、乡村旅游、水产养殖、高温大棚等。通过这些废弃土地及坑塘的治理,有效地将土地利用起来,增加了群众收入,盘活了当地经济,使土地发挥最大效益。

2018 年,刘桥镇根据县委县政府工作部署,积极梳理所辖区域闲置土地资产。经调查研究,决定对刘桥砖瓦厂进行复垦。刘桥砖瓦厂于 20 世纪 70 年代筹建,1982 年办理土地审批手续,2005 年左右因经营不善破产,土地闲置荒芜。2018 年,刘桥砖瓦厂批复复垦面积约 190 亩,2018 年年底复垦完毕并通过市级主管部门验收。2019 年春天,所复垦土地分别由原提供土地的蔡官屯村、大马张村、高庄村分配给相关村民耕种,实现每年农业创收 30 万元。此外,复垦后腾出土地指标近 200 亩,为其他产业发展提供土地使用条件。

胡官屯镇陶庄村于 2018 年进行土地整理,整平村周围荒地 120 亩,村委会将村南 13 亩作为村扶贫基地。该村共有贫困户 7 户,其中有劳动能力的 5 户。村委会将 13 亩土地分配给 5 户有劳动能力的贫困户耕种。对村内其他剩余的 107 亩边角土地,村集体进行统一管理,统一购置肥料、种子,根据土壤性质,种植经济作物,村集体负责联系市场,村委会提取部分分红,有效增加了村集体收入。实现了充分利用土地,扩大耕地面积,提高群众收益,增加村集体收入等多重目标。

(四)实施增减挂钩

齐河县以县乡镇政府作为增减挂钩项目实施的主要责任人,采取"典型带动、先易后难、循序渐进"的模式,积极稳妥推进增减挂钩工作。在实际工作中,优先把"班子能力强、群众热情高、复垦潜力大"的村庄纳入增减挂钩项目实施范围,以点带面、逐步推进,促进项目规范有序开展。充分尊重群众意愿,切实维护农民个人和村集体经济组织的合法权益,对群众搬迁意愿强的村庄开展前期民意调查,召开村民大会,征求村民意愿,在征得95%以上的村民同意后,申报增减挂钩项目;对极少数不愿搬迁的村民,由村委会继续做好相关群众的思想工作,争取获得村民理解,同意搬迁;对确实不同意的村民,政府将在不影响其生产、生活条件的前提下,在项目的申报中予以扣除。从房屋拆迁到安置建设的全过程都接受村民监督,村委会与被拆迁户签订的房屋补偿与安置协议,均在村内公示栏内进行公示,做到阳光、透明。

齐河县坚持增减挂钩规划与全县产业发展规划、土地利用总体规划、新型城镇化规划、社区规划相衔接,充分融合产业基础、资源优势、区位特点等因素,规划建设了一批风貌各异、特色鲜明的农民集中居住社区和现代产业园区,有效地提高了土地利用率。旧村址复垦后,大部分由村集体经济组织分配到村民承包耕种,增加了耕地面积;剩余部分由村集体经济组织按照每年每亩1200元不等的费用,将复垦后的土地流转到合作社或家庭农场,进一步增加了村民的经济收入。

针对农村实际,齐河县探索建设了三种类型的社区:一是整村迁建型。对房屋建设无规律、无标准、无秩序,群众搬迁意愿强烈的村庄,实行整村搬迁,建设高标准、配套齐全的新型农村社区,如晏北街道李官社区。该社区占地119亩,共安置211户,合计738人,规划建设二层住宅楼,于2010年年初正式开工建设,2011年10月村民全部入住,李官社区配套的服务中心、警务室、卫生室、小学、休闲广场等先后投入使用。旧村拆迁复耕后,净增耕地

373 亩。

二是中心村聚集型。对群众经济基础好、交通条件不发达的村庄,统一搬迁到中心村或交通便利的区域,充分发挥中心村环境、交通等资源优势,吸引周围村庄集聚,如焦庙镇荷香别院倪伦社区。该社区是由焦庙镇人民政府和山东省土地发展集团联合打造的土地增减挂钩项目,是山东省乡村振兴战略实施的“样板”工程,该社区总规划安置 8 个村,容纳 3000 余人。一期工程荷香别院项目于 2019 年 3 月开始实施,涉及王木匠村、铁匠村共 160 户,合计 602 人。新建安置区位于王木匠村原址,安置房屋 215 套,建筑面积 2.74 万平方米,占地 120 亩。目前,该项目已经完成 215 套住宅楼主体建设,即将实现村民回迁入住。

三是小城镇吸纳型。充分利用小城镇基础设施配套齐全及交通便利的优势,选择城镇驻地周边村庄作为农村土地整治村庄,最大限度地发挥地缘、人缘和区位交通优势,加快城乡统筹发展步伐,促进小城镇建设的快速发展,如华店镇华中社区。该社区位于华店镇政府驻地,自 2010 年开始,共分三期建设,规划总占地面积 690 亩,先后安置 11 个村庄,合计 5500 余人。华中社区由山东省城镇规划设计院规划设计,高低层相结合,服务设施相配套,实验小学、老年公寓、居民学校、文体广场、医务室、保卫室、图书室、党建室等一应俱全,居民不出社区就能实现居有其所、老有所养、学有所教、病有所医。华中社区一期于 2010 年开工建设,2011 年交付使用,建设占地 500 亩。建有 630 栋(户)二层联排住宅楼,54 栋 962 户多层住宅楼,总建筑面积 20 万平方米,总投资 2 亿元,占地 411 亩,是典型的并居型、服务型、标准化社区,主要安置宋庄村、西油村、王上寺村、明机寨村四个整体迁建村,旧村址共计

1316 亩,净增耕地 905 亩。华中社区二期于 2014 年开工建设,2016 年交付使用,建设占地 60 亩。建有 10 栋 330 套 5+1 多层住宅楼,总建筑面积 43535 平方米,总投资 4000 万元,搬迁小周村、西吕村 2 个整村和小高村、范庄村、中油村、辛店村部分群众共 244 户,旧村址于 2017 年复垦验收。华中社区三期于 2018 年开工建设,2019 年交付使用,建设占地 130 亩。共建有 14 栋 330 套 5+1 多层住宅楼,9 栋 462 套 11 层小高层住宅楼及车库。总建筑面积 14 万平米,总投资 2.6 亿元,搬迁中油村、辛店村、姜庄村群众,辛店村旧村址于 2018 年复垦验收,中油村、姜庄村已拆迁完毕。

通过实施增减挂钩项目,一方面,优化了城乡用地结构,加强了农村基础设施和公共服务设施建设,建设了一批风貌各异、特色鲜明的农民集中居住区,既盘活了农村存量建设用地,有效缓解了经济发展用地供需矛盾,又加快了城乡统筹发展的步伐;另一方面,也是更为重要的一方面是,在耕地资源十分稀缺的当下,增加了有效耕地面积,提高了耕地质量,改善了项目区群众的生产和生活条件,提高了农业生产率,保障了粮食生产能力。

第二节　以财政项目带动农户技术水平全面提升

在当前农业发展过程中,农户技术水平的高低直接影响着农业生产效率和产品质量。国家项目具有资金支持、技术指导和服务保障等优势,能够为农户提供必要的资源和技术支持,帮助他们掌握先进的农业技术,提高农作物产量和品质,进而提升农业整体竞争力。通过对接国家项目,可以整合各方资源,实现资源共享和互补,降低农户的学习成本和生产风险,提高农户参与地力提升的积极性和主动性,推动农户技术水平的提升,为农业高质量发展奠定坚实基础。

一、基于农业项目制推进地力提升的技术扩散

地力提升是农业可持续发展的重要内容,对保障粮食安全、促进农村经济繁荣具有重要意义。国家制定了一系列鼓励政策,以支持农民和农业生产者开展地力提升相关工作。国家通过财政资金支持地力提升工作,包括设立专项资金、提供补贴和奖励措施等。财政资金用于改善农田基础设施、推广科学技术、培训农民等方面,促进地力提升工作的开展。此外,还鼓励地方政府加大财政投入,支持农民参与地力提升工作。国家鼓励和支持农业科技创新,在地力提升领域加强科研和技术攻关。通过设立科研项目、建立科研平台、推广科技成果等方式,提供技术指导和支持,促进地力提升技术的研发和应用。同时,加强知识产权保护,鼓励科研机构和企业参与地力提升领域的技术创新。国家对参与地力提升的农民和农业生产者给予土地政策上的支持。鼓励农民合理利用土地资源,实行轮作休闲、改善土壤结构等措施,加强土地资源的保护和可持续利用。同时,为参与地力提升的农民提供土地流转和承包经营支持,确保他们在地力提升过程中的权益。国家鼓励开展地力提升相关的培训和教育活动,提高农民的技术水平和管理能力。通过组织培训班、示范推广、技术指导等形式,向农民传授地力提升的科学知识和技术方法,提高他们的操作技能和管理水平。此外,还鼓励高校、科研机构和农业专业院校加强地力提升相

关学科的建设和人才培养。国家加强对地力提升产品的市场监管和推广工作,提供市场准入支持和宣传推广服务。鼓励农民和农业生产者生产地力提升产品,组织推介会、展览会等活动,促进地力提升产品的销售和推广。同时,建立健全地力提升产品的质量认证和标准体系,提高产品的竞争力和附加值。国家鼓励建立健全地力提升综合服务体系,为农民和农业生产者提供全方位的支持和服务。推进农业合作社、农业示范园等组织形式的发展,促进合作经营和资源共享,提高地力提升工作的效益。同时,加强农业技术推广服务体系建设,提供技术咨询、技术培训、技术示范等服务,为农民解决实际问题提供便利和支持。

农业项目制是指将农业生产过程划分为各个具体的项目,并通过计划、执行和监控来管理和控制这些项目的运行。每个农业项目都有明确的目标、任务、资源需求和时间安排。农业项目制强调了项目的整体性、系统性和可控性,以确保农业生产活动按照计划和预期的目标顺利进行。各地越来越愿意采用农业项目制的方式贯彻国家农业发展和粮食生产的规划。本书提及的地力提升技术推广便是采用项目制的推进方式。

项目制的主要特点包括目标导向性、综合性、阶段性以及时间性。目标导向性表现为每个农业项目都有明确的目标和预期结果,并通过具体的任务和行动来实现这些目标;综合性表现为农业项目制跨越了不同的农业生产环节,涵盖了种植、养殖、灌溉、施肥、防治病虫害等多个方面;阶段性表现为农业项目制将整个生产过程划分为不同的阶段,在每个阶段中设定具体的目标和任务;时间性表现为每个农业项目都有明确的时间安排和时间节点,以确保按时完成各项任务。

　　虽然项目制方式具有很多优点,但也存在一些潜在的弊端。项目制方式要求对项目进行详细规划、资源分配和风险管理,这会增加管理的复杂性,特别是当项目规模较大或涉及多个团队和部门时,需要合理安排人力、物力和财力资源,并确保各方之间的协调和沟通;在项目制方式下,项目的成功与否取决于团队成员的协作和能力,如果团队成员缺乏经验或技能,或者项目面临外部环境变化等不确定因素,那么项目的风险就会增加,需要及时应对风险并采取相应的措施来降低风险;项目制方式要求明确的时间计划和资源分配,在紧迫的时间要求下,项目团队可能会以牺牲质量为代价来完成任务。此外,如果在项目进行过程中遇到了意外情况或需求变更,可能需要重新调整时间和资源的分配。项目制方式强调团队协作和合作,然而,每个人都有不同的工作风格、优先级和利益,可能会导致团队之间的冲突和合作难题。管理者需要有效地解决这些问题,并促进良好的团队协作氛围。项目制方式通常要求按照既定的计划和目标进行工作,这在一定程度上限制了团队成员的创新能力和灵活性,因为他们可能被束缚在预设的框架中。

　　针对上述问题,齐河县在贯彻落实"藏粮于地"战略的过程中,始终坚持系统思维和科学统筹,探索形成了以目标导向、综合协调、风险管控为核心的项目推进机制,成功克服了项目制可能存在的弊端,为国家粮食安全提供了重要保障。主要包括以下五个方面:

　　一是强化顶层设计,确保目标清晰且分阶段实施。齐河县牢牢把握"藏粮于地"的核心目标,将其细化为分阶段、分步骤的具体任务。在实施过程中,齐河县注重统筹安排项目的各个环节,对深耕深松作业等重点领域进行全面规划,确保项目任务不仅符合当前农业生产的需要,更能为长远发展奠定基础。通过明确分阶段目标和时间节点,各项目环环相扣,避免了任务模糊和执行力度不足的问题。

二是优化资源配置,提升项目综合性和协同性。齐河县深刻认识到"藏粮于地"是一项涉及多领域、多部门的系统工程,针对项目实施中可能出现的资源分配失衡、跨部门协作不足等问题,建立了健全的资源统筹机制。通过整合财政资金4000万元、调动各方技术力量,以及集中改良耕地等多项措施,齐河县有效解决了土地整治中可能存在的资源碎片化问题,最大化提升了资金、技术与人力的协同效益,确保深耕深松等关键环节高效推进。

三是注重精细化管理,防范项目实施中的潜在风险。为降低项目实施中的不确定性,齐河县制订了详尽的实施计划和风险管控方案。在时间安排上,项目实施严格按照计划推进,并为不可预见的外部变化留有调整空间;在管理方式上,齐河县强化监督考核机制,对深耕深松作业的进度和质量进行实时监测,及时发现问题并快速解决,避免因执行偏差导致项目失败。同时,针对技术推广、土地利用等专业性较强的领域,齐河县通过引入技术指导团队和农业专家,确保项目在科学指导下有序进行,最大限度减少技术不当带来的隐患。

四是注重能力建设,提升项目团队综合素质。项目制的有效运行离不开团队成员的能力保障。齐河县注重在项目实施过程中加强农业技术人员和基层干部的培训,通过组织集中学习、经验交流会等形式,提升他们的专业素养和协作能力。同时,建立激励机制,鼓励项目参与人员提出创新方案,以增强团队活力和应对复杂问题的能力,从而有效化解项目团队内部可能存在的沟通不畅或执行力不足的风险。

五是引入群众参与,增强政策落实的社会基础。齐河县充分发挥农民主体作用,通过政策宣传、示范推广等方式提升群众对深耕深松作业的认知度和接受度。在政策实施中,齐河县设立农户补贴机制,为每亩深耕提供 80 元、深松提供 30 元的财政支持,切实减轻农户负担,激发农民参与的积极性。通过这一"政府引导、群众参与"的双向互动模式,齐河县在项目推进中凝聚了广泛的社会力量,为政策落地奠定了坚实基础。

二、粮食高产创建和绿色增效项目的有效叠加

地力提升工程是一项长期工程,与此同时也伴随着其他项目的建设,诸如粮食高产创建项目、绿色高效高产创建项目等。齐河县采用各种措施,将地力提升工程嵌入到各项综合性粮食工程之中,以确保地力提升工程得到实施。通过制定政策措施、加强科技研发和示范推广、增强宣传教育力度、建立监督管理体系以及促进产业链协同发展等途径,将有机肥推广嵌入到农业发展全局中,将全量秸秆还田技术嵌入各项粮食高产创建和绿色增效工程中。

(一)有机肥推广

一是制定政策措施推动项目整合。地方政府可以通过制定有关有机肥的政策措施,将其纳入农业发展的全局统筹中。制定有机肥补贴政策,鼓励农民使用有机肥。政府可以通过给予财政补贴、税收减免或购买保险等方式,提供经济支持和保障,降低农民使用有机肥的成本和风险;制定有机农业管理办法、有机产品认证

标准等法律法规,明确有机肥的使用和管理要求,规范市场秩序,提高有机肥的质量和可信度;制订有机肥推广实施计划,明确目标、任务和措施,推动有机肥在农业生产中的普及和应用。

二是追求项目的科技研发和示范推广作用。地方政府加大对有机肥科技研发的支持力度,投入资金和人力资源,开展有机肥的研究与创新。推动有机肥生产技术的改进,提高有机肥的生产效率和品质,降低生产成本;建设有机农业示范基地,推广有机肥的使用和管理经验。在农业主产区或重要农业区域建立示范农场,引导农民使用有机肥,进行现场指导和培训,帮助农民掌握有机肥的正确使用方法。

三是在项目推行中增加对宣传教育的要求。地方政府可以通过媒体、互联网、宣传广告等渠道,向公众普及有机肥的优点和作用。组织宣传活动,举办有机肥知识讲座、培训班等,提高农民和相关从业人员对有机肥的认知和了解。加强有机农业技术培训,提供专业知识和技能培训,使农民能够正确使用有机肥,并掌握有机农业的整体技术管理水平。

四是建立针对项目推进的有效监督管理体系。地方政府可以建立有机肥使用监测和评估机制,定期对有机肥使用的情况进行监测和评估,及时发现问题和风险,提供数据支持和科学依据;建立有机肥质量检验体系,加强对有机肥生产和销售环节的监督和抽检,保障有机肥的质量和安全性;加强对假冒有机肥、以次充好等违法行为的打击力度,维护市场秩序,保护农民合法权益和消费者权益。

五是促进产业链各方协同参与项目。建立合作机制:加强地方政府、农民、企业、科研院所等多方合作,形成有机肥产业链的协同发展机制。地方政府可以鼓励企业投资有机肥生产和推广,加大产业链各环节的衔接力度;推动有机肥的销售渠道拓展,开发多元化市场,增加有机肥的销售渠道,提高市场渗透率;引导和支持有机肥领域的龙头企业发展,加强产业集聚效应,推动整个有机肥产业的规模化、专业化和品牌化。

(二)农业生产合作社推进土地适度规模经营

土地问题是"三农"问题的核心,关乎着我国能否实现城乡统筹发展,达成全面建设社会主义现代化国家的目标。实践证明,推进土地适度规模经营,是提高农业产业竞争力、建设现代化农业强国必要且有效的路径之一,农业生产合作社在推进土地适度规模经营起到了至关重要的作用。农业生产合作社是指由农民自愿组成、实行互助合作、共同经营的经济组织。它起源于农村,是农民群众为了解决生产上的难题和改善经济待遇而主动组织起来的形式。农业生产合作社的发展脉络可以追溯到20世纪初的中国农村。那时,农民长期以来面临着土地分散、生产水平低下、市场信息不畅等问题,导致农业生产效益低下和农民收入无法有效提高。为了改变这种局面,农民开始积极探索合作经济组织的形式,以实现规模化经营、资源共享和风险分担。在土地改革和农业集体化运动中,农民的土地被合并到农业生产合作社,并实行集体经营。这一时期,农业生产合作社发展迅速,成为农村生产组织的主要形式。改革开放以后,政府提出了"家庭联产承包责任制",鼓励农民自愿组织农业生产合作社,实行土地承包经营和农产品联合销售,推动农村经济的快速增长和农民收入的提高。

当前,农业生产合作社已经成为中国农村经济的重要组织形式之一。它在农业生产、农村电商、农产品加工等领域发挥着重要作用。政府也通过政策支持和金融扶持,不断推动合作社发展,提升农民的组织化程度和经济实力。农业生产合作社在中国农村经济发展中具有重要地位和作用。它不断适应和推动农村经济发展的需要,为农民提供了一种自愿组织、互助合作的新型经济形式。

齐河县的合作社的经营方式经历了由专业化服务提供者到综合化服务代理者的转变过程,经历了一个由横向经营向纵向经营的过程,而促使这类转变发生的原因,可以归结于当地整建制农业生产模式的兴起。整建制推进粮食高产创建的工作模式有助于当地实现产业兴旺,使粮食生产摆脱过去的分散小农生产模式,提高农业生产力,实现粮食生产的产业化。生产力的变化必然引起生产关系的变化,这其中合作社就是主要的经济载体,关注这一经济组织在粮食生产产业化过程中发生的转变有利于总结经验,为之后的整建制模式推广提供实践材料。

党的十九大提出,实现小农户和现代农业发展有机衔接为扶持小农户,提升小农户发展现代农业能力,加快推进农业农村现代化,夯实实施乡村振兴战略的基础。为此,中共中央办公厅、国务院办公厅印发了《关于促进小农户和现代农业发展有机衔接的意见》(以下简称《意见》),为提高小农户组织化程度,要求创新合作社组织小农户机制。《意见》强调要坚持农户成员在合作社中的主体地位,发挥农户成员在合作社中的民主管理、民主监督作用,提升合作社运行质量,让农户成员切实受益。鼓励小农户利用实物、土地经营权、林权等作价出资办社入社,盘活农户资源要素。财政补助资金形成的资产,可以量化到小农户,再作为入社或入股的股份。支持合作社根据小农户生产发展需要,加强农产品初加工、仓储物流、市场营销等关键环节建设,积极发展农户+合作社、农户+合作社+工厂或公司等模式。健全盈余分配机制,可分配盈余按照成员与合作社的交易量(交易额)比例、成员所占出资份额统筹返还,并按规定完成优先支付权益,使小农户共享合作收益。扶持农民用水合作组织多元化创新发展。支持合作社依法自愿组建联合社,提升小农户合作层次和规模。

在促进小农户与现代农业衔接方面,合作社可以帮助小农户共同整合土地、劳动力、资金、农业技术和市场渠道等资源,形成规模效应。通过资源整合,小农户可以更好地享受到现代农业的技术和管理优势,提高生产效率和产品质量。合作社可以向小农户提供现代农业的技术指导和培训,包括种植技术、养殖技术、农机操作等。通过技术支持,小农户可以学习和应用现代农业技术,提高农业生产水平。合作社可以集中采购农业生产所需的农资(如种子、化肥、农药等)和农业机械设备,并以较优惠的价格提供给小农户。这样可以帮助小农户降低采购成本,提高农业生产效益。合作社可以承接小农户的农产品销售,并协助他们建立与市场的联系。通过合作社的集中销售渠道和品牌建设,小农户的产品可以更容易进入市场,获取更好的销售价格和市场机会。合作社可以在农业生产中与小农户共担风险。例如,面临自然灾害、市场波动等因素时,合作社可以提供一定的保险和风险补偿措施,减轻小农户的损失。

联合合作社是由多个独立合作社组成的联盟或网络,旨在通过共同合作和合作来实现共同的目标和利益。这种组织形式可以跨越不同的行业和领域,在资源共享、市场开拓、技术合作、政策倡导和业务协作等方面带来许多好处。

　　联合合作社的组织结构和运营方式可以根据各自合作社的需求和共同决策来确定,通常会有一个联合会议或委员会来协调和管理联合合作事务。成员之间通过合作协议或章程来约定权责和利益分享等事项。这种组织形式可以为成员带来许多好处,例如提供更大的市场份额、降低采购成本、增加谈判力等。通过联合合作,合作社们可以共同发展、共同创新,在竞争激烈的环境中更具有优势。

　　但在联合社中,各合作社有着不同的利益考量,这时联合社需要进行组织模式创新,通过发挥好"工具"与"规范"的作用,化解行动系统中的内在矛盾,实现合作稳定性的提升。在工具方面,联合社通过畅通人、地、钱、信息等要素流动,推动了作业平台、融资平台、销售平台的搭建,强化了服务链、金融链以及产品链的构建。在规范方面,联合社通过完善有利于自身规范性成长的制度,为行动系统中工具的运用甚至整个行动系统对合作稳定性产生的作用提供了重要保障。

　　在齐河县通过项目制方式推动农户采纳技术的过程中,合作社扮演了很重要的角色。一方面,合作社多提供社会化专项服务,各类专业合作社可以将农业生产的各个阶段覆盖,并对接政府的项目,实现农技的推广和传播;另一方面,合作社是根植于本土社会的一种经营模式,这种经营模式并不完全是市场性质的营利性质,而带有服务乡土社会的性质。对一些经营规模较小的农户,也会提供相应的社会化服务,并提供完善的售后服务。故涉及项目制方式推动农户技术采纳的特殊机制分析主要围绕着合作社展开。

　　项目制农业生产模式是一种现代化的农业生产组织形式,通过农业规模经营、科技应用和优化资源配置等手段,实现农业生产的高效、集约和可持续发展。在项目制的推动下,当地政府为了推动粮食生产的全面机械化和标准化,会提供大量的社会化服务,而社会化服务的主体多由各类不同专业合作社组成,通过政府发包的形式派发任务。在粮食高产创建的驱动下,很多农机专业合作社应运而生,为区域的农业生产现代化服务,这类合作社起初主要是为农户提供专项服务,而且多集中于经济效益好的生产阶段,比如播种和收割阶段。但在专业合作社的发展进程中,有部分合作社脱离了最初单一的专项服务,转而去承包大量的土地,成立粮食生产合作社,自己从事大规模的粮食生产,而这并不是出于规避闲置成本的考量,因为承接土地的量远远大于闲置机械的服务能力,甚至需要大量购买其他农机专业合作社的服务,此类合作社的经营方式也经历了由专业化服务提供者到综合化服务代理者的转变过程,经历了一个由横向经营向纵向经营的过程。

合作社植入乡土社会过程中,需要与村级组织进行积极的互动,才能更好地融入当地,与当地农户一起实现良好的发展。村级组织的职责主要包括代表和管理本村的公共事务,为村民提供基本的公共服务和社区治理。作为村委会或村民委员会,村级组织负责协调、组织和落实村级事务,管理土地、村庄建设和环境保护等事宜。同时,他们也是农村社会生活的基本组织单位,承担着社区治理的责任,组织村民参与决策和解决问题,维护社区安全和稳定,促进社区的和谐发展。村级组织在乡土社会中扮演着"当家人"的角色,合作社想要融入乡土社会,是否能够与村级组织协调发展,是关系着合作社能否长久维持的重点。同时,合作社也不是单方面地听从于村级权威的安排,合作社作为具有发展潜力的组织,对其本身的发展和融入,与村级组织是一种相互促进的关系。

合作社经营模式的改变,也表现在与农户的相处模式中。旧有的合作社产生于本土,根植于本土,与农户的交往会表现出较强的社会性,给农户提供社会化服务的同时,也会尽心做好售后服务,而且,付款的时间和方式也是可以和合作社协商的,表现为长期博弈的理性决策;而转变之后的合作社,涉及行政区划的跨越,并不完全根植于本土,对当地农户提供的社会化服务便是一种去社会性的商业活动,交易方式固定,减少交易成本的同时也减少了农户的自主性。这种方式可以提高组织能力较低的村庄的生产能力,但对组织能力较高的村庄,则会挤占当地的村民隐性福利。但从实现的总量数据来看,合作社的转变是契合政府逻辑的,与当地政府推动的项目制建设要达到的效果不谋而合,这也进一步激励了合作社转变。

土地托管和土地流转是农村土地资源管理中常见的两种形式。通过这些方式,农民可以将自己的土地委托给他人或组织进行管理和经营,以实现土地的优化利用、规模化经营和增加农民收入,支撑起农户兼业种粮的意愿。

土地托管是农民将土地使用权和经营权临时转交给托管方,以帮助农民实现土地的高效利用。在托管合同中,农民保有土地的所有权,但托管方负责耕种、管理和经营土地,并与农民协商分享经营收益。这种合作可以让农民充分利用专业的技术、资金和市场渠道,提高农业生产效益,同时减轻农民的经营压力。土地托管这一模式能通过规模化经营程度提高,种植水平的科学化程度提高,农机具、水利设施的使用效率提高,劳动生产效率提高,粮食收购价格提高①,提高兼业农户的种粮意愿达到粮食增产,促成农民的钱袋子和国家的粮袋子都有保障的局面。

土地流转则是农民将土地的使用权或所有权转让给他人或组织。在土地流转中,农民获得经济回报,而受让方获得土地的使用权和经营权。土地流转可以促进土地的规模经营和专业化管理,提高农业生产效率和农产品质量,同时也有助于吸引更多的投资和资源进入农业领域。这里谈到的土地资本化仅仅是借助土地在生产层面的作业权利,获取更大的谈判势力,从而在政府发包项目的竞争中有更大的话语权,那么这便与是否流转土地关系不大,不同形式的托管也可以达到同样的效果。

合作社作为社会化服务的提供主体,但转变后的合作社实现了去社会性,土地作业权的资本化,愈加商业化,出于效益的考虑,这时的合作社角色逐渐从专业化服务的提供者转化为综合化服务代理者,对繁重的环节会选择外包给其他专业合作社,实现再发包。服务外包本身是一种商业模式,合作社将原本由合作社内部完成的特定业务功能或任务委托给外部专业机构或个人来完成。服务外包的目的在于降低成本、提高效率和专注核心业务。通过服务外包,合作社可以享受以下优势:首先,成本降低,因为外部服务提供商通过规模经济和专业化管理能够提供更具有竞争力的价格。其次,企业可以优化资源配置,将更多资源和精力集中在核心业务上,从而提高效率和专注度。此外,灵活性和快速响应能力也是服务外包的优势,合作社可以根据需求调整外包服务的规模,以快速响应市场变化。除了商业化的运营方式,也会趋于商业化的

---

① 孙晓燕、苏昕:《土地托管、总收益与种粮意愿——兼业农户粮食增效与务工增收视角》,《农业经济问题》2012 年第 8 期。

管理机制,以便更好地承接服务。

合作社经营模式的转变也会在合作社间产生先行者优势,并在项目制的推动下使优势越发强大,占据市场更多的份额。先行者优势是指在市场竞争中,第一个进入市场或采取创新举措的企业所具备的相对优势。这种优势可以通过建立品牌认知、技术创新、资源占据、学习曲线效应等方式来实现。先行者优势能够帮助企业取得领先地位并获得更多的市场份额和收益。然而,先行者也面临着高风险、后续竞争者的反击以及投资和时间成本等挑战。因此,企业需要仔细评估市场环境、竞争态势和自身资源能力,并保持灵活的战略调整和持续创新,以保持先行者优势。这种先行者优势的存在,会导致这种模式是具有时效性的,若想要在当地复制同样的模式就会困难重重,甚至会瓜分先行者的利益,但是却可以适用于未有先行者介入的相似地域。

齐河县刘桥镇西杨村是一个典型例子。这是一个传统农业村,共有 320 户,1249 人,耕地 3305 亩。① 超过 80% 的成年劳动力在济南市、齐河县城务工。2013 年,15 名党员带头,37 户共同成立西杨村年丰粮食种植专业合作社,合计 500 亩地,2014 年全村均以土地入股加入合作社。由村支部书记任合作社监事长,村民委员会主任任合作社理事长。2016 年,西杨村年丰粮食种植专业合作社成为山东省农民合作社省级示范社,2023 年成为国家级合作社。

对内,合作社为村民提供耕、种、管、收"一条龙"服务,降低农户生产成本。统一良种供应,亩均节省 25.1 元,人均节省 66.5 元,全村节省 8.3 万元;统一肥料供应,亩均节省 40 元,人均节省

---

① 资料来源:齐河县西杨村年丰粮食种植专业合作社提供。

106元,全村节省13.2万元;统一播种服务,亩均节省10元,人均节省26.5元,全村节省3.3万元;统一药物防治全村节省12万元;统一浇水灌溉全村节省13.2万元;统一深松深翻,亩均节省36元,人均节省96元,全村节省12万元;统一收割服务,亩均节省20元,人均节省52.8元,全村节省6.6万元;一年算下来全村省68.6万元。同时,村集体出资,维护农田水利基础设施建设。

对外,合作社主动对接市场、对接社会化服务,与山东齐力新农业服务有限公司合作,为村民及周边村庄开展植保、耕播、收储等农业生产作业服务,年累计作业服务面积达到3万亩次以上。合作社年均收益达到20余万元。

合作社同齐河县绿丰种业有限公司签订了育种合同,全村3305亩耕地全部成为育种基地,产出小麦良种全部由公司回收。合作社按公司要求,提供管理服务,绿丰种业以0.02元/斤的价格支付管理费,同时以0.02元/斤的价格支付运费,合作社将服务费用转入村集体账户,作为村集体收入,每年集体收益可达16万元;绿丰种业以高于普通小麦0.1元/斤价格收购农户小麦种,亩均可增收120元,全村农户每年多收益40万元。

在测土配方施肥上,该村党支部联系专家,实施免费测土配方,并根据测土配方结果,对接肥料生产企业,由企业按照配方统一生产供应,每袋有机肥比市场价格低50%还多。积极争取政府支持,引进推广新技术、新设备,全村整建制落实小麦"八个统一"和玉米"一增四改"。以农机补贴的形式引进大型农机5台,植保设备9套,整合全村20多台机械,以低于市场30%的价格为合作社进行统一耕作收获播种服务。

村合作社将不愿种地的农户承包土地集中流转给齐力新公

司,基本租金为 1000 斤小麦的市场价格,扣除生产成本后,净利润进行 4-3-3 分红后,即农户分得 40%,齐力新公司分得 30%,村合作社分得 30%。通过这种模式实现利益共享,风险共担。

合作社的发展不仅要关心效率问题,也得关心公平问题。利益分配机制是维系农业产业化组织稳定发展的关键制度安排,也是保障农民收入的重要内容。在实践中,常见的利益分配机制包括按照交易额或交易利润、劳动投入、资本投入、平等分配以及综合考虑多个因素等方式进行。此外,合作社中存在核心成员和普通成员两种不同的成员身份。核心成员通常是具有重要参与度和贡献的成员,享有较高的权益和决策权,并可能获得更多的利益分配,而且核心成员由于其较高的资产专用性,在利益分配格局中掌握了更大的谈判优势,这也促使分配的结果会更多地向核心成员倾斜。而普通成员则相对参与度和贡献程度较低,分配所占的权重便会低于核心成员,但普通成员仍会对合作社的运营有一定的影响,并享有一定的福利和利益。在合作社中,利益分配机制的设计应该公平、透明,并符合成员的利益和参与程度。

第三节　完善农田建设管理体制

党中央、国务院高度重视高标准农田建设工作。2004 年中央"一号文件"就提出,"建设高标准基本农田,提高粮食综合生产能力"。此后几年的中央"一号文件"先后就建设"基本农田""标准农田""高标准农田"等作出部署。2009 年以后相关要求统一表述为建设"高标准农田"。各相关部门认真落实党中央决策部署,根据职责分工积极支持各地及农业部门提升耕地质量,分别组织实施了新增千亿斤粮食产能田间工程、农业综合开发、农田整治、农田水利等项目。党的十八大以来,习近平总书记始终关心耕地保护建设,明确指出,建设高标准农田是一个重要抓手,要坚定不移抓下去。

传统的分散管理体制下,不同地区之间信息传递不畅,导致各级政府难以获得全面准确的农田建设信息。这使决策者在资源配置和项目安排上难以作出科学合理的决策,容易造成资源浪费和效率低下。由于各地区管理分散,对资源的分配往往呈现出不均衡的状态。不同地区的农田建设政策和执行力度存在差异,这可能导致同样的政策在不同地区的效果不尽相同。

从管理体制的角度来看,集中统一的管理体制能够优化资源配置、提高决策效率、确保政策执行一致性以及提升管理效能,从而推动农田建设的整体提升,为中国农业的可持续发展奠定坚实基础。建立集中统一的管理体制可以实现资源的有效整合和合理分配。各级政府和部门可以通过协调合作,避免资源的重复利用和浪费,从而提高资源利用效率。通过建立集中统一管理体制,可以建立完善的信息反馈机制,使决策者能够及时获取所需信息,从而作出科学合理的决策。同时,集中统一管理体制可以建立完善的监督和评估机制,对农田建设的进展和效果进行全面监测,及时发现并解决问题,从而提升管理的效能。

一、集中统一管理体制的建成机制

集中统一管理体制能够确保农田建设项目的规划、实施和管理得到统一协调,避免资源分散和重复建设,提高土地利用效率。

通过集中管理,可以整合政府、企业和社会资本,形成合力推进农田建设。同时,可以根据各地的自然条件、经济发展水平和农民需求,制定科学合理的农田建设规划,确保项目的针对性和实效性。这样可以更好地发挥土地的生产潜力,提高粮食产量,保障国家粮食安全。

构建集中统一高效的农田建设管理新体制是确保农业可持续发展、保障粮食安全和推动农村振兴的必要步骤。[①] 在党中央、国务院高度重视以及国家战略的推动下,作为小麦、玉米粮食产区高产代表和华北地区唯一全国粮食生产功能区试点,齐河县以勇立潮头的姿态,积极响应国家政策,树牢国家粮食安全政治责任,以"吨半粮"生产能力建设为抓手,深入贯彻"藏粮于地"战略。齐河县积极把握农田建设管理新体制,成立了由县委书记任组长的领导小组,定期召开会议研究解决建设过程中遇到的问题,按照既定规划蓝图,在组织协调体系、监督反馈制度、质量管理服务方面坚持创新,整合资源,地毯式推进,阶段式提升。牢牢抓住"耕地"这一关键,集中资金、项目、工程,集成良种、良法、良田,倾力打造30万亩粮食绿色高质高效"吨半粮"示范区,从科学规划、高效监督、创新管护等方面入手,改善农田建设管理体制中存在的问题,加快实施高标准农田建设整县推进项目,改善农田基础设施条件,提高粮食综合生产能力,有效地解决了高标准农田建设投入不足和种粮效益不高的问题,成为全国一流的高标准农田典范,为保障国家粮食安全和"吨半粮"创建提供了有力支撑。

通过集中统一高效的农田建设管理新体制,提高农业生产效

---

① 龚剑飞、张宜红:《推动高标准农田提质升级:实践困境与破解路径》,《中州学刊》2022年第11期。

率,实现更科学的资源配置、避免资源的过度开发和滥用,减少环境破坏,促进可持续农业发展,同时整合各级政府部门、农业科研机构和农业企业等资源,形成协同合作的局面,推动农业科技创新、技术传播和产业链条的升级。

(一)组织协调体系

建设集中统一高效的农田建设管理体制必须要建立一个具备高度组织协调性质的体系。该协调体系的主要任务在于资源整合,包括土地、财政资金、技术支持和人力资源的合理配置,以确保这些要素以最优效率用于农田建设项目之中。该体系的存在能够积极促进不同部门和相关利益方之间的紧密协作与达成共识,从而确保决策和政策的一致性,以有力支持整体发展目标的实现。同时,该体系还有助于信息的流畅共享,确保各个环节的实时数据传递,以便及时调整和监督农田建设进展。监管机构的积极参与有助于确保项目合规性和质量控制,进而提高农田建设的可持续性和效率。总而言之,高度组织协调的体系在资源整合、决策协调、信息共享、资源利用和风险管理等方面发挥着重要作用,有助于推动农田建设和农村发展朝着更高效和有序的方向前进。

战略规划和决策制定方面。在建设过程中,齐河县聘请专业团队,根据全县城镇发展规划、土地利用总体规划、农业空间布局规划等相关规划,结合粮食绿色高质高效创建,对全县高标准农田进行整体高标准规划。后期项目建设时,按照先核心区、后辐射区的原则,分批推进实施。针对齐河县水资源优良,地下水丰富、土壤质地偏沙的状况,定位于高标准提升工程。在已有基础上,按照填齐补平的原则,高标准规划,对主要农田生产路硬化,跨沟进地路桥涵化、机井电配、井河配套,主要灌溉渠道防渗硬化,建成以河保丰、以井补源的具有持续保障能力的高标准配套的农田基础设施。专门聘请农业部规划设计院专家,按照每50亩一眼机井、每200亩一网格、每5000亩一支专家队伍、每50000亩一套(气象、墒情、虫情)农业物联网综合服务站的总体框架,对全县110万亩粮田进行高标准整体规划,确保实现"桥、涵、闸、井、沟、渠、路、林"八配套,达到"田成方、林成网、路相通、渠相连、旱能浇、涝能排、地力足、灾能减"。自2011年至2024年,全县累计建成高标准农田107.2万亩,形成了30万亩粮食绿色高质高效创建核心区、80万亩示范区。① 在规划过程中,坚持生态、节水、节能等绿色发展理念,积极使用新技术、新材料、新工艺,使工程在满足当前需求的同时更具前瞻性。

组织架构和领导体系方面。齐河县对小型农田水利重点县建设高度重视。坚持"政府主导、部门协同、群众参与"的工作机制,成立了领导小组,县长任组长,分管副县长为副组长,县发改局、财政局、农业局、水务局、林业局、开发办等有关部门负责人为成员。实行联席会议制度,协调解决项目建设重大事项和督导项目建设。各司其职,各负其责,相互配合,及时研究解决项目实施过程中的重大问题,形成"心往一处想,劲往一处使,各级各部门通力协作"的良好局面,规范有序开展高标准农田项目建设。

质量管理和责任制度方面。齐河县委托设计单位编制了项目年度实施方案和"三图一表",即规划图、设计图、施工图和预算表。严格项目资金管理。统筹整合各渠道农田建设资金,提升资

---

① 资料来源:齐河县"吨半粮"办公室提供。

金使用效益。项目建管处设立"齐河县高标准农田示范区建设提升项目专项资金"账户,对资金统一管理,专户储存。规范开展项目前期准备、申报审批、招标投标、工程施工和监理、竣工验收、监督检查、移交管护等工作,实现农田建设项目集中统一高效管理。制定了齐河县高标准农田建设提升工程项目管理办法,确定从项目实施开始,严格执行项目法人责任制、招投标制、工程监理制和合同管理制。严格执行建设标准,确保建设质量。充分发挥农民主体作用,调动农民参与高标准农田建设积极性,尊重农民意愿,维护好农民权益。积极支持新型农业经营主体建设高标准农田,规范有序推进农业适度规模经营。

信息管理方面。2018 年 3 月 3 日,国土资源部印发《关于严格核定土地整治和高标准农田建设项目新增耕地的通知》,要求严格规范新增耕地管理,实行归口管理、统一核定,确保新增耕地数量真实、质量可靠。核定前,各类项目建设主体负责收集整理并确认有关基础资料,对资料的真实性、准确性、完整性、一致性负责。其中,项目竣工报告、竣工图等图件资料和竣工后项目区建设范围以及新增耕地地类、数量、质量等别等有关情况说明,作为核定的必备要件。各类项目信息应通过农村土地整治监测监管系统及时上图入库。新增耕地的面积、地类、平均质量等别、项目实施前后耕地平均质量等别等信息,均应在立项、验收阶段作为上图入库必填信息进行填报。运用遥感监控等技术,建立农田管理大数据平台,以土地利用现状图为底图,全面承接高标准农田建设历史数据,统一标准规范、统一数据要求,把各级农田建设项目立项、实施、验收、使用等各阶段相关信息上图入库,建成农田建设"一张图"和监管系统,实现有据可查、全程监控、精准管理、资源共享。

（二）监督反馈制度

高标准农田建设管理的运行涉及多个方面和复杂的环节,其中各个环节的运营状态紧密相连,必须确保每个单独的环节在运行效率和质量方面达到最佳水平,以维持整个系统的协调运作。在这一背景下,监督反馈制度显得尤为重要。首先,该制度为持续性的绩效评估提供了机制,通过对各环节运行的监督和评估,可以及时识别出潜在问题和瓶颈以及需要改进的方面,从而有助于及早解决问题,保障整个农田建设管理体制的高效和高质量运作。其次,监督反馈制度建立了一个反馈回路,允许对运营环节进行实时调整和改进,确保问题得到及时纠正,有助于不断提高各环节的运行效率和质量。最后,该制度通过公开的监督和评估过程,使各参与方都能清晰了解体制运行状况,鼓励各方对自身工作负起责任,防止不当行为和腐败的发生。

监督反馈制度在高标准农田建设管理体制中的关键作用在于确保各环节的运行效率和质量,进行持续性绩效评估、问题识别与解决以及透明度与问责制建立。为推动高标准农田节水灌溉工程提质增效,有效保障齐河县"吨半粮"产能建设,推动乡村振兴,齐河县开展全县高标准农田节水灌溉工程"室组地+部门"联动监督检查工作,发挥监督保障执行、促进发展完善作用,聚焦农民群众反映的农田灌溉突出问题,对高标准农田节水灌溉工程开展联动监督检查,全面排查发现问题,深入剖析找准症结,抓实整改推动治理,以高质量监督护航高标准农田建设。

1. 排查剖析

项目工程建设方面,重点监督检查项目规划是否符合实际,是否存在不合理布局,项目招投标是否存在弄虚作假、围标串标等违规违纪行为;项目建设是否按规定周期完成任务,是否擅自调整或终止任务计划,是否违规拆分项目或不按规定进行政府采购,是否存在工程项目未按审批内容建设、虚报工程量、偷工减料等问题;项目监理、验收是否存在搞形式、走过场等不严不实问题。

资金资产管理方面,重点排查中央财政和地方财政资金是否存在滞留截留、挤占挪用等违规违纪问题,地方配套资金是否足额到位;已建成工程是否进行固定资产录入,资料是否完备、手续是否规范;资产移交手续是否齐全、移交内容是否与实物相符;资产移交乡镇后,是否纳入农村"三资"公开透明管理,是否存在违规出售、出租、出借或非法占用等问题,是否存在农田设施损坏、被盗取等资产流失问题;工程审计、竣工结算(决算)、财务付款等环节是否规范,发现问题整改是否到位,是否存在违规结算工程款、偏离合同价过大的情况。

使用成效发挥方面,深入调研高标准农田节水工程是否能正常使用,是否存在施工质量问题,施工方是否履行质保责任;是否存在"重建设、轻养护"问题,管护主体责任、监管责任是否落实,是否存在部门间推诿扯皮现象,是否存在农田水利设施损坏无人修理或修理不及时、毁损、丢失、改变用途、闲置导致成效无法发挥、利用率低的问题;农田设施使用收费是否合理,是否存在违规收费、坐地起价、违规摊派、搭车收费等加重群众负担的问题;项目建设相关情况公示是否到位,群众监督渠道是否畅通,群众诉求是否得到及时有效解决,对待群众是否简单粗暴,问题整改是否敷衍了事、弄虚作假。

2. 联动监察

督促自查自纠。一是县农业农村部门对照联动监督检查重点，全面自查自纠，形成"三单一图一报告"，即《高标准农田建设项目清单》《高标准农田建设项目责任清单》《高标准农田节水灌溉工程问题清单》，项目具体分布图和自查报告。二是县农业农村局牵头，组织乡镇（街道）农业办或水利站专业技术人员，就高标准农田建设项目中路、桥、井、闸、沟、树、电等农田建设项目内容逐项排查，就其损坏、管护、使用情况进行检查梳理，包括调查管护模式、收费情况、项目建设公示情况等。

联动监督检查。一是县纪委监委派驻纪检监察组与党风政风监督室、信访室充分沟通，梳理近年来有关高标准农田建设方面的信访举报、查处的典型案例等，强化分析研判，查找问题易发多发点。二是由县纪委监委派驻纪检监察组牵头，从审计局、农业农村局、水利局、发展改革局、国土资源局等部门抽调专业人员，会同乡镇（街道）纪委（纪工委），组成监督检查工作专班，通过与部门单位座谈交流、查阅资料、走访调研、个别谈话等形式，充分运用清单式、嵌入式、驻点式、下沉式、智慧式等监督方式，对高标准农田节水灌溉工程开展联动监督检查，对前期自查自纠情况进行抽查复核，监督检查完成后，梳理汇总发现问题，形成问题清单及专题报告。

反馈整改落实。县纪委监委派驻纪检监察组对联动监督检查发现的问题，及时反馈至相关部门，督促职能部门建立问题整改台账，采取"清单式管理""台账式销号"，保证问题不遗漏、整改不缺项。

强化评估问效。县纪委监委适时对整改落实情况开展评估问效工作,通过实地检查、随机走访、电话随访等方式检查整改落实情况,深化运用"一台账、两清单、双责任、双问责"监督机制,对落实整改责任不力、敷衍应付、虚假整改的,既追究属地推进落实不力的主体责任,又追究相关部门单位的监管责任,以"双问责"推动落实"双责任"。同时,将治理情况纳入日常监督重点,持续督促农业农村部门认真落实《高准农田建设管理办法》,紧盯关键环节廉政风险,强化项目招投标监督、质量监督、管护监督等,高质量推进高标准农田建设工作。

(三)质量管理服务

在集中统一高效的农田建设管理新体制下,质量管理服务体系至关重要。该体系在农田水利工程领域具备多重关键职能,包括但不限于协调、监督和协同。首先,其协调功能体现在:通过整合基层水务管理协调服务组织、防汛抗旱供水专业服务组织以及农民用水合作组织等多元利益相关方,以确保各方间的协同作用、紧密协作,实现资源的有效配置与满足不同地区和农田的独特需求。其次,质量管理服务体系在监督方面发挥着重要职责,通过建立标准化的质量监测机制,以确保农田水利工程的设计、建设和维护质量符合国家标准与法规要求,从而有效预防及时纠正潜在问题,降低设施损坏与事故风险,维护农田水利工程的可持续运行。监督也包括对资源利用的追踪与评估,以保障资源的高效使用。最后,质量管理服务体系在协同方面具有关键作用,鼓励技术创新与最佳实践的共享,推动农田水利工程的不断完善。通过积极推行农业终端水价改革,该体系在协同资源利用和农民参与方面发挥着重要作用,激发农民节水意识,确保水资源的高效利用,同时保护农民的利益。综上所述,质量管理服务体系在新体制下是确保农田建设高效、可持续和质量卓越的关键要素。通过协调、监督和协同等多元功能的充分发挥,该体系有助于推动农田水利工程的成功实施,提升农业生产效率、实现资源可持续利用,同时维护农民权益与生态环境健康。

1. 构建"三位一体"服务体系

齐河县按照"职能明确、布局合理、队伍精干、服务到位"的总体要求,落实机构设置,选好配好人员,建好基础设施,配备技术装备,完善规章制度,健全运行保障机制,构建了基层水务管理协调服务组织、防汛抗旱供水专业服务组织、农民用水合作组织"三位一体"的基层水利服务体系。

一是基层水利管理协调服务组织建设。根据《齐河县人民政府办公室关于印发齐河县基层水利服务体系建设工作实施意见的通知》精神,县编委下发了《关于设立乡镇水管站的通知》。全县13个乡镇、2个街道办事处设15处基层水管站,为独立设置的公益一类事业单位,是县水务局派出机构,实行县水务局和乡(镇、办事处)双重管理,以县水行政主管部门为主的管理体制。各水管站编制4至5人,均配备2名具备水利专业(或相近专业)专科及以上文化程度工作人员。县水务部门对水管站长专门进行业务培训,并颁发培训证书。完成了水管站场所建设,设置独立的水管站办公室、防汛值班室、防汛抗旱物资仓库,备齐备足防汛抗旱物资。

县政府专门拨款30万元用于水管站设备配备,由县水务局统一为水管站配备了水准仪、塔尺、皮尺、钢卷尺以及电脑、打印机、照相机、电话机、文件柜。15处水管站测量设备、办公设备、工作车辆齐全。水管站工作职责、工作守则、目标责任书、防汛值班制度等管理制度健全。乡镇水利建设年度规划位置图、年度农建图、重点水利工程位置图,以及泵站、堤防、机井、涵闸、坑塘等水利工程管护制度、服务电话和办事指南公开透明。各水管站分别与县防汛抗旱服务队、兴利水利工程有限责任公司、县自来水公司客户服务中心、乡镇防汛抗旱供水专业服务组织签订了合同书。县水务局制定了《齐河县用水协会指导培训办法》《齐河县水务局水管站人员管理考核办法》,各乡(镇、办事处)也制定了《村级水管员管理考核办法》。档案管理方面,工程档案、村水管员档案、农民用水合作组织档案齐全。各水管站防汛抗旱预案、专项抢险预案、人员转移预案完备。水管站人员经费和工作经费全部纳入县级财政,各项经费落实及时。

在村级水管员选配上,齐河县采取村委会推荐、水管站审核、县水务局备案的方式进行。全县 15 个乡(镇、办事处)1014 个行政村共选配村级水管员 1014 名,均进行了教育培训,颁发了培训证和上岗证。村水管员具体负责村内涉水事务协调管理服务,乡(镇、办事处)对村级水管员进行聘用,县水务局做好备案。村级水管员劳务费由县乡财政给予保障,有固定的工作场所,有通信设备和办公设施。村级水管员工作守则、办事指南、服务电话张贴上墙。印制了统一格式的工作日志,严格做好工作记录。

基层水务管理协调服务组织的建立完善,使水管站在基层水利建设管理中真正发挥了职能作用,保障了基层水利工作组织有序,水利工程建设精良,水利管理服务到位,各类设施运行良好。

二是专业服务组织建设。齐河县结合本县实际,积极探索基层水利建设的方式方法。在专业服务组织建设中,本着方便群众、立足行业、发挥优势的原则,对专业服务组织采取了合并设置的办法。依托县自来水公司、兴利水利工程有限责任公司、县防汛抗旱服务队作为县级水利专业服务组织,充分利用县级水利技术力量对基层水利加强服务;建立乡镇级防汛抗旱供水专业服务队,贴近群众需求,进行就近服务,方便群众。各乡(镇、办事处)合并成立防汛抗旱供水专业服务队共15支队伍。防汛抗旱供水专业服务队承担防汛抗旱专业服务队、水利设施专业维修队和防汛抗旱工程管理队伍的职能,实行公益性服务和市场相结合的体制,接受服务对象的自主选择和监督。水管站和水利专业服务组织签订了合同书。防汛抗旱供水专业服务队具有独立的办公场所和经营服务场所,并具有技术装备和交通设施,服务人员工资有保障。水利专业服务组织有健全的工作制度、操作程序、办事指南,并公开了有偿服务标准。

三是农民用水合作组织建设。按照"政府引导、农民自愿、依法登记、规范运作"的原则,全面建立了规范、高效、完善的乡镇级用水合作组织。在全县15个乡镇办事处均建立了用水协会,协会担负灌溉和供水服务。在齐河县水务局及乡镇政府的指导和扶持下,水利站每年对用水协会执委会成员组织协调、业务技能等综合素质培训。

村级合作组织基本完善,跨村工程合作组织覆盖面达100%。用水协会章程规范,财务、工程、用水等制度健全。用水协会全面实行协会的公示制度,对小型农田水利工程建设方案,农民投工投劳状况,农户水量、水价、水费,用水协会财务收支等内容,每年一次通过公开张贴公示,必要时,一事一公示。按照"计划用水、节约用水"的原则,保证均衡受益,建立"水量公开、水价公开、水费公开、多方监督"的监督制约机制。15处用水协会均挂牌办公,全部具有独立固定的办公场所和生产经营场所。协会管理规范,配备了必要的计量设施、维修设备和通信设施,档案管理完备,经营收入有保障。用水合作组织建设有效实现了农民群众对水利工程的自我管理、自收自支、自负盈亏、自我发展。项目所在的镇设立了镇水管站,成立了农民用水协会。行政村各成立1个分会。每个分会负责该行政村机井、管道、给水栓、排水沟、变压器、生产桥使用与维护。

2. 建立工程的健全管护机制

工程产权归属划分项目通过验收后,及时按有关规定,结合农村集体产权制度改革,办理资产交付手续。县级农业农村部门及时办理资产移交手续,与项目区所在乡镇完成建设项目资产移交。乡镇将建设项目资产移交村集体经济组织、基层服务管理组织或各类新型经营主体。高标准农田建设工程项目建成后,由项目管理单位、项目建设单位、项目使用管护单位逐级办理工程移交手续,建立严格的管护责任,落实管护措施,明确管护主体。根据项目区的工程实际情况,工程产权归乡镇所有,由各村集体拥有田间工程的使用、管理权,各工程管护主体为所在项目村村委会。

建立健全项目的管护制度是开展管护工作的基本保证,项目区乡镇政府结合实际,制定切实可行的管护制度,进行规范化管理,使管护工作制度化、规范化。项目建成后,对竣工验收后的项目,明确产权,落实管护主体,及时办理移交手续,按照"谁受益,谁负担""以工程养工程"的原则筹集项目运行管理费用,规范管理,保证项目正常运转,长期发挥效益。建立一支好的管护队伍是落实管护工作的基础,镇政府加强领导,选择政治素质好、热爱管护工作,作风正派、责任心强、办事公道、坚持原则、遵纪守法,在群众中有威望的人担任管护员,保证项目的完好和正常使用。

在落实工程管护责任上,县级高标准农田建设项目主管部门督促各类管护主体应按照有关部门行业规定的标准和要求认真开展管护工作,保证高标准农田项目工程正常运行,持续发挥效益。各类管护主体应严格遵守法律和行政法规有关规定,不得以任何理由擅自收取有关费用,不得擅自将工程及设备变卖,不得破坏水土资源和生态环境。工程权属改变需报县级高标准农田建设项目主管部门批准。通过承包、拍卖等方式取得项目工程管护权的管护主体,除必须认真履行合同,依法管理经营,为项目区农民提供优质良好服务外,还必须服从政府防汛抗旱的统一调度,并接受项目区镇、村各级组织和县级高标准农田建设项目主管部门的监督。

3. 农业用水模式与水价改革

为真正让农民从工程实施中得到实惠,齐河县在工程建设的同时,积极推行农业终端水价改革,以促进农业节水增效为目标、以完善农业水价形成机制为核心、以创新体制机制为动力,以形成可复制易推广的改革模式为目标,在项目区全部配套测水量水设施,按照"量水到口、配水到户、核算到亩、按方收费"的原则,真正让农户"用放心水,交明白钱"。所收水费用于电费的开支、工程维修养护、协会运行及人员劳动补贴。水费由农民用水协会统一收取,直接收费到户,实现"计量到地头、开票到农户"。

在落实工作机制方面,齐河县政府是农业水价综合改革的实施主体,负责落实市政府确定的改革任务、制定县级农业水价综合改革实施方案,建立齐河县农业水价综合改革协调工作机制,明确责任分工。齐河县物价局负责农业供水成本核算、农业用水价格核定、超定额累进加价和分类水价的制定,同时履行水价执行的监督责任。齐河县财政局负责指导建立精准补贴和节水奖励机制,落实补助资金,监督资金使用和绩效评价。齐河县水务局负责确定农业用水总量控制指标,抓好农田水利工程设施建设、工程产权界定、农业水权分配。齐河县农业局负责种植结构调整、农艺节水措施推广、加大农业补贴支持力度。齐河县工商局负责农村基层用水组织的登记注册和依法管理。

在创新和健全农业用水机制方面,齐河县建立了农业初始水权制度、建设了灌溉工程及计量设施,创新了农业终端用水管理方式。首先,按照"总量控制,定额管理"原则,进行水权划分,由齐河县水务局颁发水权证到水管站,注明水源、水量、用途、期限、转让条件等,明确用水权利和义务。水权证书应采取动态管理、定期核定,其间因许可水量发生变化、土地流转或土地用途发生变化而导致农业水权转移变化的,须经齐河县水务局批准并重新核发。其次,为满足水价改革的基本需求,地方政府在改革项目区范围内进一步完善与之匹配的基础硬件设施。最后,采用"镇水管站+村委会+水管员"的管护机制,落实小型水利工程产权,落实"两证一书一台账"管理制度。其中,镇水管站负责调配水源,协调各村用水秩序,监督各村服务费定价、收缴支配及服务质量等;村委会负责工程的使用、管理、维修和收费,并聘请水管员维护变压器和机井、泵站。

在健全农业水价形成机制方面,项目区执行水价采取协商定价,协商定价可以在指导水价基础上上下浮动30%。改革项目区工程及计量设施建成完善后,进行水价测算,农户之间协商定价,确定价格后报齐河县物价局进行成本监审,通过核定后,按照执行水价由村集体收费。为进一步鼓励节水、遏制浪费,实行阶梯水价,根据不同农作物毛灌溉定额确定节水基数。与此同时,政府还在项目区建立农业节水奖补机制。精准补贴针对以村集体为主的工程维修养护主体,采取按项补贴、据实报销方式等给予补贴。节水奖励的对象为积极推广应用工程节水、农艺节水、调整种植结构,并取得明显节水成效的农业用水主体,重点奖励农村基层用水组织、新型农业经营主体和种粮大户等。

二、系统化农田管理机制的有效运行

通过坚持不懈地高标准农田建设,齐河县取得了多方面的成就与效益。首先,该举措显著提升了农田的产出能力和粮食产量,有效满足了当地不断增长的粮食需求,实现了农产品的丰收。其次,高标准农田建设在粮食生产中发挥了保障作用,减少了农作物减产风险,保障了当地粮食供应的稳定性,有力维护了粮食安全。同时,高标准农田建设在资源利用和环境保护方面也取得了显著成就,提高了农田的资源利用效率,减少了资源浪费,有助于保护当地生态环境。最后,通过引进先进的农业技术和管理方法,提升了农业现代化水平,提升了农业产业的创新能力和竞争力。

从粮食生产能力看,2022 年,粮食种植面积 229.19 万亩,总产 28.75 亿斤,实现"二十连丰"。20 万亩"吨半粮"核心区小麦、玉米平均亩产分别为 693.91 千克、852.42 千克,全年亩产量达到 1546.33 千克,实现了 20 万亩集中连片"吨半粮"生产能力建设目标。

从节水灌溉效率看,2022 年高标准农田建设项目完成建设任务 20.3 万亩,总投资 39585 万元,建设喷灌、渗灌水肥一体化技术

使用面积 6195 亩（喷灌面积 1660 亩，渗灌面积 4535 亩），示范推广节水、节肥、增产的绿色生产新模式。同时，齐河县不断加大基础设施投入，不断改善农业生产条件，实现了沟、渠、路、林、桥、涵、井"七配套"，新增改善灌溉面积 80 万亩，农田有效灌溉率达到 95%。2022 年全县耕地质量比 2019 年提高 0.6 个等级，节水灌溉面积达到 84.9 万亩，农田灌溉水有效利用系数提高到 0.639，亩均增收 244.4 元。

从耕地生产能力看，近 5 年来，齐河县累计投资 10 多亿元，高标准建成农业农村部 80 万亩粮食绿色高产高效创建示范区，成为全国集中连片面积最大的示范区，创造了粮食绿色高产、优质高效、持续增产的"齐河模式"。整个示范区由东线片区、西线片区、南线片区、北线片区和 30 万亩核心区"五大片区"组成，区内每 50 亩一眼机井、每 200 亩一网格、每 5000 亩一支专家队伍、每 50000 亩一套（气象、墒情、虫情）综合服务站，具备了"田成方、林成网、路相通、渠相连、旱能浇、涝能排、地力足、灾能减"八大生产功能。

从土壤改良效果看，齐河县在全县推广秸秆精细化全量还田基础上，每两年深耕、深松一遍。全县农作物秸秆综合利用率达到 95%，2022 年开展推进秸秆精细化还田 7.5 万亩，总结提炼出"麦秸覆盖、玉米秸秆全量粉碎还田模式"，被农业农村部组织遴选为秸秆农用十大模式之一，并向全国推介发布。

从减肥减药看，齐河县推广了测土配方精准施肥、种肥同播、底肥一次性施用高效缓释肥和水肥一体化等技术，全年肥料投入减少达 12%，2022 年县域全覆盖宣传推广测土配方施肥技术，发布施肥配方 4 个、墒情简报 18 期，增施商品有机肥、生物有机肥共 1.52 万吨。推广精准预测预报、精准施药、专业化统防统治、杀虫灯物理诱杀等绿色防控技术,推广高效低毒低残留农药和生物农药,全年用药次数减少 2 次,农药使用量减少 10%,防治效果提高 15%。

从农业清洁生产看,齐河县开展了农田生物多样性等 8 大清洁生产技术试验,实现了土壤环境质量监测点位县域全覆盖,探索构建了"种养结合化+生产标准化+生物多样化"的集约化农区清洁生产型现代生态农业建设模式,成为农业农村部六大现代生态农业模式之一。①

---

① 资料来源:齐河县农业农村局提供。

参 考 文 献

1. 杜鹏:《社会性小农:小农经济发展的社会基础——基于江汉平原农业发展的启示》,《农业经济问题》2017 年第 1 期。

2. 龚剑飞、张宜红:《推动高标准农田提质升级:实践困境与破解路径》,《中州学刊》2022 年第 11 期。

3. 郭庆海:《三维坐标下我国粮食主产区耕地质量管理问题研究——以东北粮食主产区为例》,《中州学刊》2019 年第 10 期。

4. 郭珍、曾悦:《县级政府农业基础设施供给行为优化与绩效提升机制——以高标准农田建设为例》,《西北农林科技大学学报(社会科学版)》2023 年第 6 期。

5. 黄宗智:《"家庭农场"是中国农业的发展出路吗?》,《开放时代》2014 年第 2 期。

6. 黄祖辉、扶玉枝、徐旭初:《农民专业合作社的效率及其影响因素分析》,《中国农村经济》2011 年第 7 期。

7. 江永红、宇振荣、马永良:《秸秆还田对农田生态系统及作物生长的影响》,《土壤通报》2001 年第 5 期。

8. 孔祥斌、陈文广、党昱譞:《中国耕地保护现状、挑战与转型》,《湖南师范大学社会科学学报》2023 年第 5 期。

9. 孔祥斌、党昱譞:《永久基本农田制度演变的内在逻辑与思考》,《中国土地》2022 年第 5 期。

10. 李俊杰、李建平、梅冬:《新形势下高标准农田建设管理政策存在的问题及建议》,《中国农业资源与区划》2022 年第 5 期。

11. 李俏:《农业社会化服务体系研究》,西北农林科技大学 2012 年博士学位论文。

12. 刘昊璇、赵华甫、齐瑞:《多中心治理下高标准农田建设监督管理机制研究》,《中国农业资源与区划》2022 年第 3 期。

13. 鹿光耀、廖镇宇、翁贞林:《我国高标准农田建设的政策演进及其启示》,《农业经济》2024 年第 1 期。

14. 罗明忠、邱海兰:《农机社会化服务采纳、禀赋差异与农村经济相对贫困缓解》,《南方经济》2021 年第 2 期。

15. 孟鑫钰:《高标准农田建设现状及对策——以常德市为例》,《现代农业研究》2023 年第 12 期。

16. 牛善栋、吕晓、谷国政:《感知利益对农户黑土地保护行为决策的影响研究——以"梨树模式"为例》,《中国土地科学》2021 年第 9 期。

17. 潘旭文、付文林:《环境信息公开与地方发展目标权衡——环保与经济增长的视角》,《经济科学》2023 年 6 月。

18. 钱龙、杨光、钟钰:《有土斯有粮:高标准农田建设提高了粮食单产吗?》,《南京农业大学学报(社会科学版)》2024 年第 1 期。

19. 山东省齐河县地方史志编纂委员会:《齐河县志(1996—2008)》,中华书局 2010 年版。

20. 史鹏飞、徐阳、顾彬:《建设高标准农田 端牢中国人饭碗——基于安徽省怀远县的调研与思考》,《中国农业综合开发》2023年第11期。

21. 史普原、李晨行:《从碎片到统合:项目制治理中的条块关系》,《社会科学》2021年第7期。

22. 孙辉、谢建春、陈松虎等:《关于构建耕地"五量联保"治理模式的思考》,《中国国土资源经济》2024年第4期。

23. 孙晓燕、苏昕:《土地托管、总收益与种粮意愿——兼业农户粮食增效与务工增收视角》,《农业经济问题》2012年第8期。

24. 孙新华:《农业经营主体:类型比较与路径选择——以全员生产效率为中心》,《经济与管理研究》2013年12月。

25. 孙新华:《土地经营权整合与土地流转路径优化》,《经济学家》2023年第3期。

26. 汤勇华、黄耀:《中国大陆主要粮食作物地力贡献率及其影响因素的统计分析》,《农业环境科学学报》2008年第4期。

27. 唐继伟、林治安、许建新等:《有机肥与无机肥在提高土壤肥力中的作用》,《中国土壤与肥料》2006年第3期。

28. 唐莹:《城乡融合背景下耕地利用转型新动力与转型推进策略》,《农村经济》2022年第11期。

29. 田孟:《耕地占补平衡的困境及其解释——基于国家能力的理论视角》,《南京农业大学学报(社会科学版)》2015年第4期。

30. 王海娟:《农地调整的效率逻辑及其制度变革启示——以湖北沙洋县农地调整实践为例》,《南京农业大学学报(社会科学版)》2016年第5期。

31. 王庆日、郎海鸥、仲济香等:《2023年土地科学研究重点进展评述及2024年展望》,《中国土地科学》2024年第3期。

32. 王伟娜:《我国农村土地整治模式优化研究》,中共中央党校2018年博士学位论文。

33. 魏后凯:《构建人与自然和谐共生的城镇化格局》,《城市问题》2023年第1期。

34. 习近平:《论"三农"工作》,中央文献出版社2022年版,第74页。

35. 肖丽群、邓群钊、林永钦等:《新型城镇化背景下耕地保护与建设用地集约利用协同发展研究》,《中国农业资源与区划》2021年第9期。

36. 肖琴、李建平:《整区域推进高标准农田建设的基本逻辑、实践困境与实现路径》,《中国农业资源与区划》2023年第12期。

37. 徐明岗、卢昌艾、张文菊等:《我国耕地质量状况与提升对策》,《中国农业资源与区划》2016年第7期。

38. 徐硕:《高标准农田建设项目规划的农户参与路径研究》,曲阜师范大学2020年硕士学位论文。

39. 杨子、张建、诸培新:《农业社会化服务能推动小农对接农业现代化吗——基于技术效率视角》,《农业技术经济》2019年第9期。

40. 于法稳、孙韩小雪、刘月清:《高标准农田建设:内涵特征、问题诊断及推进路径》,《经济纵横》2024年第1期。

41. 袁源、王亚华、徐萍:《"非粮化"治理视角下的耕地用途管制:应对逻辑与体系构建》,《自然资源学报》2024年第4期。

42. 约翰·斯图尔特·密尔:《政治经济学原理》,华夏出版社

2009 年版。

43. 张华、张忠明:《标准化推动小农户与现代农业发展有机衔接:可行性与对策》,《农业经济》2023 年第 1 期。

44. Pigou A., *The Economics of Welfare*, New York: Routledge, 2017.

45.Samuelson P. A., "The Pure Theory of Public Expenditure", *The Review of Economics and Statistics*, Vol.36, No.4,1954.

46.Stiglitz J. E., "Markets, Market Failures, and Development", *The American Economic Review*, Vol.79, No.2,1989.

后　记

　　本书系共计6本。除总论外，从"地、技、义、利、人"五个维度展开深入研究，分别对应"藏粮于地""藏粮于技""政府责任""农民利益"以及"农耕文明"的目标与愿景。本研究以齐河县为代表的山东省县域实践为样板范例和研究对象，对县域整建制、大规模提升粮食单产，保障国家粮食安全的措施、方法、逻辑和机制进行了全面而系统的探讨。通过实证研究，得出了具有启发性的理论与政策层面的结论，期望能为进一步夯实国家粮食安全根基贡献力量，同时也作为山东省扛起农业大省政治责任、打造乡村振兴"齐鲁样板"的一项系统性理论成果。

　　本项研究于2023年年初正式启动。研究团队在德州市齐河县开展了长时间、大规模的实地调研，并多次召开研讨会和论证会，对观点进行提炼，对提纲进行整理与完善。研究和撰写工作主要由来自中国人民大学、北京师范大学、华东理工大学和中共山东省委党校（山东行政学院）的学者承担。在此过程中，研究得到了中共山东省委党校（山东行政学院）、山东省农业农村厅领导同志以及德州市、齐河县党政领导同志的鼎力支持，为调研工作提供了良好条件;农业专家、种粮农户以及粮食产业链上的各类市场主体给予了我们很大的帮助,为研究提供了丰富的资料和专业建议;人民出版社经济与管理编辑部主任郑海燕编审为本书系的出版付出了诸多心血,提供了大力支持。在此,我们一并表示衷心的感谢。

2024年5月,习近平总书记在山东考察期间,明确提出要求山东建设更高水平的"齐鲁粮仓"。本项研究及本书系的出版,正是贯彻落实习近平总书记重要指示精神的具体实践。在炎热酷暑下,我们深入村落、走访农户,与基层干部、科研人员、农户促膝交流、彻夜长谈,细致查阅各类文献资料、认真研读各级政策文件,正是在这些深入实践、融入实践的过程中,我们对之前学习过的理论知识、政策要求、指示精神有了切实、具体、触达心灵的理解与感悟。如今,在本书系出版之际,回顾2023年研究启动时的场景,我们更加深刻地体会到"把论文写在祖国大地上"的内涵与价值。

本书系献给为保障国家粮食安全不懈奋斗、默默奉献的劳动者们!

策划编辑：郑海燕
责任编辑：张　蕾
封面设计：牛成成
责任校对：周晓东

图书在版编目（CIP）数据

"藏粮于地"的县域实践 ／ 仝志辉，杜佳信，郭长宁著．

北京 : 人民出版社，2025.6. -- ISBN 978 - 7 - 01 - 027224 - 5

Ⅰ．F326.11

中国国家版本馆 CIP 数据核字第 2025FY5796 号

"藏粮于地"的县域实践
"CANGLIANG YU DI" DE XIANYU SHIJIAN

仝志辉　杜佳信　郭长宁　著

人民出版社 出版发行
（100706　北京市东城区隆福寺街 99 号）

中煤（北京）印务有限公司印刷　新华书店经销

2025 年 6 月第 1 版　2025 年 6 月北京第 1 次印刷
开本：710 毫米×1000 毫米 1/16　印张：13.75
字数：170 千字

ISBN 978 - 7 - 01 - 027224 - 5　定价：70.00 元

邮购地址 100706　北京市东城区隆福寺街 99 号
人民东方图书销售中心　电话（010）65250042　65289539